VORWORT

Globalisierung, New Economy, e-commerce, World Wide Web, rasante technologische Entwicklungen – dies alles sind Realitäten für Berufstätige von heute.

Der Umgang mit dieser ungewissen Entwicklung und der rasche Wandel der Arbeits- und Berufswelt fordern alle aufs Äusserste heraus. Sie haben die Wahl zwischen Abwarten, Altem Nachträumen, Klagen, Aktiv Mitgehen und Dranbleiben.

Für uns alle stellt sich die Frage, wie wir im Beruf Erfolg haben können. Trotz aller Technologie sind immer noch die einzelnen Menschen mit ihrem Wissen und ihrer Erfahrung gefragt. Genauso wenig hat Ihr Beruf mehr oder weniger Zukunft. Sie als Mensch mit Ihrem Können und Ihrem Einsatz haben Zukunft und schliesslich auch Erfolg.

In der heutigen Zeit braucht es Berufstätige und solche, die es werden wollen, welche die Veränderungen um sich herum sehr genau beobachten. Dazu gehört es, seine eigenen Stärken, Interessen und Motivationen zu kennen. Ständige Weiterbildung ist eine Selbstverständlichkeit. Aber welche Weiterbildung ist die richtige? Genauso wichtig sind klare berufliche und persönliche Ziele. Wenn Sie selbst Ihre beruflichen und persönlichen Ziele nicht klar kennen, wer könnte es dann?

Unternehmen schätzen Mitarbeitende, welche die Verantwortung für sich selbst übernehmen und als Mitunternehmende auftreten. Nutzen Sie Ihre Möglichkeiten, nehmen Sie sich regelmässig Zeit für eine berufliche und persönliche Standortbestimmung. Legen Sie fest, welches Ihre nächsten beruflichen Stationen sein sollen. Dazu gehört eine grosse Portion Fantasie, Überwindung, Beharrlichkeit und Ausdauer. Als Lohn dafür kann Zufriedenheit und Erfolg in der Arbeit winken.

Ich wünsche Ihnen bei Ihren nächsten Schritten in Beruf und Arbeit viel Spass und Erfolg.

Trix Heberlein

Trix Heberlein

EINLEITUNG

Liebe Leserin, lieber Leser

«Das S&B Concept® – Erfolg im Beruf» ist ein Buch für Lebensgestalterinnen und Lebensgestalter. Laufbahn- und Karrierefragen begleiten immer mehr Erwachsene ein Leben lang. Einerseits verändert sich die Arbeitswelt in einer nie dagewesenen Dynamik. Das verlangt von allen Berufstätigen ein Höchstmass an Mobilität und Flexibilität. Andererseits strebt ein wachsender Anteil der Erwerbstätigen eine berufliche Herausforderung an, die eine persönliche Entwicklung ermöglicht und Erfüllung und Zufriedenheit vermittelt.

«Das S&B Concept® – Erfolg im Beruf» verhilft Ihnen zu einer persönlichen und beruflichen Situationsanalyse. Sie erfahren, wie zufriedenstellend Sie Beruf und Arbeit erleben und wie Sie Ihre Energien auf die verschiedenen Lebensbereiche verteilen.

Dieses Buch erlaubt Ihnen, eine berufliche Neuorientierung vorzunehmen. Wir zeigen Ihnen, wie Sie sich Ihren beruflichen Motivationen und der Berufs- und Arbeitswelt annähern können. Nur wer sich selbst, seine Bedürfnisse, seine Neigungen und Interessen kennt, kann zielgerichtet deren Verwirklichung anstreben. Damit Sie sich auch wirklich gut gerüstet auf den Weg zu neuen beruflichen Horizonten begeben, sollten Sie auch die Vielfalt der vorhandenen Möglichkeiten überblicken, vor allem in jenen Bereichen, die Sie direkt interessieren. Mit über 1500 Berufen erhalten sie eine grosse Auswahl. Nach dieser persönlichen und beruflichen Entdeckungsfahrt werden sie in der Lage sein, Ihren Veränderungsspielraum besser auszuloten.

Reinhard Schmid | *Claire Barmettler*

INHALT

Einstieg in die persönliche und berufliche Standortbestimmung

Wir haben in der Laufbahnberatung Erwachsener die Erfahrung gemacht, dass Berufs- und Arbeitszufriedenheit nicht unabhängig von anderen Lebensbereichen wie Partnerschaft, Familie und Freizeit betrachtet werden kann. Meist wirken sich positive oder negative Gegebenheiten im Berufs- und Arbeitsbereich auch auf die Privatshpäre aus und umgekehrt. Mit dem «S&B Concept® – Erfolg im Beruf» wollen wir bewusst die Berufs- und Arbeitszufriedenheit in einen grösseren Rahmen der allgemeinen Lebenszufriedenheit stellen.

Persönliche und berufliche Identität sind wichtig

Nicht selten werden diffuse Unzufriedenheitsgefühle auf eine vermeintlich falsche Berufswahl zurückgeführt, oder es wird von einem Berufswechsel erwartet, dass er die allgemeine Lebenszufriedenheit ebenfalls steigere. Dabei wird ausser Acht gelassen, dass es nicht immer der Beruf an sich ist, der mit den persönlichen Bedürfnissen nicht mehr übereinstimmt. Nicht selten zeigt sich nämlich, dass die Unzufriedenheit vor allem von der Arbeitsstelle ausgeht; beispielsweise weil der Handlungsspielraum Grenzen setzt, also die beruflichen Fähigkeiten gar nicht voll zum Ausdruck gebracht werden können, weil keine Möglichkeit besteht, sich weiter zu entwickeln, oder weil die Wertschätzung und Anerkennung der Arbeit weitgehend fehlen. Die geforderte Arbeitsleistung stimmt mit dem Lohn und den Sozialleistungen nicht überein. Das anfallende Arbeitsvolumen kann kaum bewältigt werden. Die Beziehungen zu Vorgesetzten und Mitarbeitenden gestalten sich unerfreulich. Aber auch Unzufriedenheit im Privatbereich kann die Berufs- und Arbeitszufriedenheit überlagern.

Erstellen Sie sich Ihr eigenes Situationsdiagramm

Wir unterbreiten Ihnen einen Fragebogen zur Berufs-, Arbeits- und Lebenszufriedenheit, mit dem Sie Ihr Verhältnis zu den verschiedenen Lebensbereichen und zu sich selbst ausleuchten können. Sie erhalten eine Antwort darauf, welche Lebensbereiche Quelle der Zufriedenheit beziehungsweise der Unzufriedenheit sind. Ausserdem setzen Sie sich mit Ihrer eigenen Persönlichkeit, Ihrem Wohlbefinden und Ihrem Arbeitsverhalten auseinander. Denn für mehr Zufriedenheit sind manchmal Veränderungen auf verschiedenen Ebenen zu prüfen. Sowohl die persönliche als auch die berufliche Identität spielen dabei eine bedeutende Rolle.

Die Auseinandersetzung mit den Fragen ist genauso wichtig wie das Auswertungsergebnis

Die meisten Menschen, die mit dem Fragebogen gearbeitet haben, empfanden nicht nur die prägnante Darstellung der eigenen Berufs-, Arbeits- und Lebenszufriedenheit als aufschlussreich für ihre weiteren Überlegungen, sondern erklärten ausdrücklich, das Spannende an diesem Fragebogen sei vor allem die Auseinandersetzung mit einer Vielzahl von Einzelfragen, die man sich selbst kaum so konsequent stellen würde. Erst das Zusammentragen der verschiedenartigsten Mosaiksteinchen ergibt schliesslich ein farbiges Bild. Haben wir Sie neugierig gemacht? Dann steigen Sie am besten gleich ein.

Einstieg in die persönliche Standortbestimmung

In einer repräsentativen Studie ist der Frage nachgegangen worden, wie zufrieden sich Berufstätige bei ihrer Arbeit fühlen. Die Umfrage hatte die folgenden Kategorien der Arbeitszufriedenheit unterschieden.

Wir nehmen diese Einteilung der Arbeitszufriedenheit als Ausgangslage einer ersten persönlichen Einschätzung. Wo ordnen Sie sich selbst zur Zeit zu? Markieren Sie das betreffende Feld.

Progressive Arbeitszufriedenheit

1 Ich bin mit meiner Arbeit zufrieden, vor allem, weil ich es dabei noch weiterbringen kann.

Stabilisierte Arbeitszufriedenheit

2 Ich bin mit meiner Arbeit wirklich zufrieden. Was ich tue, gefällt mir. Ich wünsche mir für die nächste Zeit nur, dass alles so bleibt.

Resignative Arbeitszufriedenheit

3 Ich bin mit meiner Arbeit nur insofern zufrieden, als dass ich mir immer wieder sage, es könnte viel schlimmer sein.

Konstruktive Arbeitsunzufriedenheit

4 Ich bin mit meiner Arbeit nicht zufrieden, weil mich wichtige Punkte ärgern. Ich suche deshalb bereits nach neuen Wegen.

Fixierte Arbeitsunzufriedenheit

5 Irgendwie bin ich mit meiner Arbeit unzufrieden, ohne dass ich weiss, was ich zur Bewältigung der Probleme tun könnte.

Markieren Sie die für Sie zutreffenden Situationen!

Quelle: Institut für Marktanalyse (IHA)

Anleitung für das Ausfüllen des Fragebogens

Auf den folgenden Seiten wird eine Reihe von Aussagen über die Berufs-, Arbeits- und Lebenszufriedenheit gemacht. Beurteilen Sie, ob Sie persönlich diese Aussagen zutreffend oder nicht zutreffend finden, wenn Sie an Ihre eigenen Tätigkeiten und Lebenssituationen denken.

Damit Sie möglichst genaue Urteile abgeben können, stehen Ihnen vier Antwortmöglichkeiten zur Verfügung:

- Stimmt genau
- Eher ja
- Eher nein
- Stimmt gar nicht

BEISPIEL

Fragen zum Beruf	Stimmt genau	Eher ja	Eher nein	Stimmt gar nicht
1 Mein Beruf füllt mich voll aus.	✗			

- **Wenn Sie den Eindruck haben, diese Äusserung treffe voll und ganz zu, machen Sie das Kreuz unter der Rubrik «stimmt genau».**
- **Wenn Sie dieser Äusserung nur mit einigen Vorbehalten zustimmen, kommt das Kreuz unter die Rubrik «eher ja».**
- **Trifft Ihrer Meinung nach das Gegenteil zu, können Sie je nachdem die Rubrik «stimmt gar nicht» oder «eher nein» ankreuzen.**

Es gibt dabei keine richtigen oder falschen Antworten, weil es lediglich auf Ihre Anschauung ankommt. Ihre Stellungnahme soll ein Bild über Ihre Situation geben.

Und noch ein paar Hinweise

- **Natürlich können mit diesen Fragen nicht alle Besonderheiten berücksichtigt werden. Versuchen Sie aber trotzdem, immer eine Antwort zu geben, und zwar die, welche am ehesten für Sie zutrifft.**
- **Denken Sie auch nicht lange über einen Satz nach, sondern geben Sie die Antwort, die Ihnen unmittelbar einfällt.**

Und nun, viel Erfolg auf dem Weg zu sich selbst.

Fragen zum Beruf

1

	Stimmt genau	Eher ja	Eher nein	Stimmt gar nicht
Ich empfinde meinen Beruf als interessant und abwechslungsreich.				
In meinem Beruf kann ich mich persönlich engagieren.				
Ich kann meine Interessen und Neigungen gut in meinen Beruf einbringen.				
Mein Beruf fordert mich immer wieder von neuem heraus.				
Mein Beruf bietet mir genügend Handlungs- und Entscheidungsspielraum.				
Ich kann mein Wissen und Können gut in meinen Beruf einfliessen lassen.				
Mein Beruf gibt mir innere Befriedigung.				
Mein Beruf füllt mich voll aus.				

2

	Stimmt genau	Eher ja	Eher nein	Stimmt gar nicht
Die Aufstiegsmöglichkeiten in meinem Beruf sind gut.				
In meinem Beruf habe ich gute Chancen, erweiterte Aufgaben zu übernehmen.				
In meinem Beruf ist es schwer, eine neue Stelle zu finden.				
In meinem Beruf ist ständige Weiterbildung wichtig.				
Ich habe Angst, technologische Veränderungen, Rationalisierungsmassnahmen oder andere Faktoren könnten meinen Beruf ungünstig beeinflussen.				
Ich empfinde meinen Beruf als Sackgasse, die wenig berufliche Entwicklungsmöglichkeiten offenlässt.				
Die Verdienstmöglichkeiten in meinem Beruf sind gut.				
Mein Beruf bietet mir die Möglichkeit, immer wieder neue Erfahrungen zu sammeln und dazuzulernen.				

Fragen zur jetzigen Arbeitsstelle

3

	Stimmt genau	Eher ja	Eher nein	Stimmt gar nicht
An meiner jetzigen Arbeitsstelle schätze ich es, dass ich meine Arbeit weitgehend selbständig planen und einteilen kann.				
Die Arbeit an meiner jetzigen Arbeitsstelle verläuft immer im gleichen Trott.				
Die Arbeit an meiner jetzigen Arbeitsstelle vermittelt mir Erfolgserlebnisse.				
Bei meiner Arbeit an der jetzigen Arbeitsstelle kann ich weitgehend das tun, was ich auch gerne mache.				
Ich fühle mich an meiner jetzigen Arbeitsstelle unterfordert.				
Die Arbeit an meiner jetzigen Arbeitsstelle macht mir Spass.				
Die Arbeit an meiner jetzigen Arbeitsstelle empfinde ich als interessant und abwechslungsreich.				
An meiner jetzigen Arbeitsstelle kann ich weitgehend das einbringen, was ich in der Aus- und Weiterbildung gelernt habe.				

4

	Stimmt genau	Eher ja	Eher nein	Stimmt gar nicht
Mit meinem Lohn an meiner jetzigen Arbeitsstelle bin ich zufrieden.				
Die Sicherheit meiner Arbeitsstelle besorgt mich.				
Arbeitstempo und Arbeitsanfall machen mir an meiner jetzigen Arbeitsstelle Mühe.				
An meiner jetzigen Arbeitsstelle bin ich gesundheitlichen Risiken ausgesetzt.				
In wichtigen Angelegenheiten habe ich an meiner jetzigen Arbeitsstelle Mitsprachemöglichkeiten.				
Bei Problemen stehen mir meine Vorgesetzten/Arbeitskollegen mit Rat und Tat bei.				
Meine Arbeit wird anerkannt und geschätzt.				
Vom Arbeitsklima her fühle ich mich an meiner jetzigen Arbeitsstelle wohl.				

Fragen zum persönlichen Arbeitseinsatz

5

	Stimmt genau	Eher ja	Eher nein	Stimmt gar nicht
Ich brauche oft länger für eine Arbeit, als ich angenommen habe.				
Ich kann auch reine Routine-Arbeiten problemlos erledigen.				
Es kommt vor, dass man mit meiner Arbeitsleistung nicht zufrieden ist.				
Ich kann mich während der Arbeit auch über längere Zeit gut konzentrieren.				
Manchmal fühle ich mich während der Arbeit ohne besonderen Grund missgelaunt und möchte am liebsten alles hinwerfen.				
Wenn es die Umstände erfordern, fällt es mir leicht, einen zusätzlichen Einsatz zu leisten.				
Ich habe Freude daran, mein persönliches Können unter Beweis zu stellen.				
Für mich ist Lohnarbeit lediglich ein notwendiges Übel, um mein Leben bestreiten zu können.				

6

	Stimmt genau	Eher ja	Eher nein	Stimmt gar nicht
Es bedeutet mir sehr viel, beruflich Erfolg zu haben.				
Für mein berufliches Weiterkommen bin ich bereit, mich überdurchschnittlich einzusetzen.				
Wenn ich zusätzliche Verantwortung übernehmen kann, fühle ich mich so richtig wohl.				
Für mich ist es wichtig, eine berufliche Stellung zu haben, bei der ich persönlich Einfluss auf die Geschehnisse nehmen kann.				
Ich traue mir zu, auch schwierige Aufgaben zu übernehmen.				
Ich möchte das Leben geniessen können, darum bin ich beruflich nicht so ehrgeizig.				
Ich wünsche mir eine sichere Stelle mit geregelter Arbeitszeit.				
Ich nutze jede Chance für einen beruflichen Aufstieg.				

Stimmt genau | Eher ja | Eher nein | Stimmt gar nicht

Fragen zur Privatsphäre

7

- Ich habe das Gefühl, dass mich die Menschen in meiner näheren Umgebung mögen.
- *Im Privatleben bin ich unternehmungsfreudig und aktiv.*
- In meinem Privatleben fühle ich mich oft einsam.
- *Mein beruflicher Einsatz geht auf Kosten eines ausgewogenen Privatlebens.*
- Mein Privatleben ist von Sorgen überschattet.
- *In meinem Privatleben muss ich zuviel Rücksicht nehmen.*
- Ich muss häufig über belastende Angelegenheiten meines Privatlebens nachdenken.
- *In meiner gegenwärtigen Wohnsituation fühle ich mich wohl.*

8

- Ich habe eine Beschäftigung, die mir einen Ausgleich zum Berufsleben verschafft.
- *Meine berufliche Tätigkeit lässt mir zu wenig Freizeit.*
- In der Freizeit grüble ich manchmal über Dinge nach, die ich besser anders angepackt hätte.
- *In der Freizeit überkommt mich manchmal ein Gefühl der inneren Leere.*
- In der Freizeit bin ich oft unzufrieden und missmutig.
- *Aus Karrieregründen arbeite ich häufig auch noch in der Freizeit.*
- Ich muss noch lernen, mir Freiräume zu schaffen, wenn meine Bedürfnisse nicht zu kurz kommen sollen.
- *In meiner Freizeit engagiere ich mich aktiv für Anliegen, die mir wichtig sind.*

Stimmt genau | Eher ja | Eher nein | Stimmt gar nicht

Fragen zum persönlichen Wohlbefinden

9

- Ich bin schnell verunsichert, wenn etwas Unvorhergesehenes geschieht.
- *Wenn ich unter Zeitdruck stehe, passieren mir bei der Arbeit oft Fehler.*
- Es kommt vor, dass ich nicht richtig einschlafen kann, weil ich in Gedanken noch bei meiner Arbeit bin.
- *Ich habe Mühe, mit dem Stress im Beruf umzugehen.*
- Wenn ich etwas bei meiner Arbeit nicht so gut mache, bringt mich das aus dem Gleichgewicht.
- *Ich rege mich oft über Dinge auf, die mich eigentlich gar nicht persönlich betreffen.*
- Ich kann mich nur schwer nach harter Arbeit entspannen.
- *Auch in schwierigen Situationen kann ich Ruhe und Übersicht bewahren.*

10

- Gesundheitliche Beschwerden beeinträchtigen zuweilen meinen Arbeitseinsatz.
- *Ich fühle mich am Ende eines Arbeitstages oft energielos und habe einfach keinen Schwung mehr.*
- Die Belastung bei meiner Arbeit ist zuweilen derart gross, dass ich mir Sorgen um meine Gesundheit mache.
- *Es kommt vor, dass ich unter Nervosität oder Schlafstörungen leide.*
- Es gibt Zeiten, wo ich Herz- und Kreislaufbeschwerden verspüre.
- *Zuweilen plagen mich Kopfschmerzen oder Migräneanfälle.*
- Ich treibe regelmässig Sport oder achte sonstwie auf meine Gesundheit.
- *Eigentlich müsste ich mehr Rücksicht auf meine Gesundheit nehmen und beispielsweise weniger rauchen, essen, trinken oder arbeiten.*

Stimmt genau | Eher ja | Eher nein | Stimmt gar nicht

Fragen zur eigenen Person

11

- Es fällt mir leicht, mich so zu akzeptieren, wie ich bin.
- *Ich bin ein Mensch, der gerne Neues im Leben ausprobiert.*
- Ich mache mir häufig Sorgen über Dinge, die im Grunde gar nicht wichtig sind.
- *Ich nehme mir bewusst Zeit, um über mich und mein Leben nachzudenken.*
- Manchmal stauen sich in mir unbewältigte Probleme an, die mich belasten.
- *Ich versuche, stets ich selber zu sein.*
- Manchmal möchte ich am liebsten aus meiner Haut fahren und ein anderer Mensch sein.
- *Meine Gefühle nehme ich ernst und ich kann mich auf sie verlassen.*

12

- Es fällt mir leicht, auf andere Menschen zuzugehen und ihnen vertrauensvoll zu begegnen.
- *Unliebsame Dinge schiebe ich vor mir her.*
- Es fällt mir leicht, offen zu sagen, was mir nicht passt.
- *Wenn etwas schiefgeht, denke ich noch lange darüber nach, wie das hätte verhindert werden können.*
- Ich vermeide unangenehme Auseinandersetzungen, auch wenn sie nötig wären.
- *Ich fühle mich in ungewohnten Situationen rasch hilflos.*
- Ich habe mich weitgehend darauf ausgerichtet, den Wünschen und Erwartungen anderer gerecht zu werden.
- *Ich bin zuversichtlich, dass ich meine Lebensziele, die ich mir gesteckt habe, erreichen werde.*

Und nun die Auswertung

Sie ist ganz einfach. Bepunktet werden alle Antworten, bei denen Ihre Ankreuzung auf ein graues Quadrat oder einen grauen Kreis fällt. Die farbigen Kreise und Quadrate geben keine Punkte.

◆ **Die grauen Quadrate zählen 2 Punkte.**

● **Die grauen Kreise zählen 1 Punkt.**

Übertragen Sie nun für jede Spalte die jeweiligen Punktwerte. Zählen Sie diese Punktwerte zusammen und übertragen Sie die Summe in das Kästchen, das rechts daneben steht.

BEISPIEL

Wichtig! **Nur die grauen Quadrate und Kreise zählen. Die farbigen Felder bleiben unberücksichtigt.**

So erstellen Sie Ihr persönliches Situationsdiagramm

Wenn Sie für jeden Fragenbereich die jeweilige Summe an Punkten ermittelt haben, können Sie das Ergebnis auf das nebenstehende Situationsdiagramm übertragen. Haben Sie beim Frageblock 1 zum Beispiel sechs Punkte gezählt, färben Sie mit einem Filzstift sechs der maximal sechzehn Felder der betreffenden Zeile im Situationsdiagramm ein. Dasselbe machen Sie für alle zwölf Frageblöcke.

Mein persönliches Situationsdiagramm

Nr.	Bereich	Punkte	1	2	3	4	5	6	7	8	9	10	11	12	13	14	15	16
Beruf																		
1	Berufsinhalt Identifikation mit dem Beruf; die eigenen Bedürfnisse in den Beruf einbringen können; Befriedigung haben.																	
2	Entwicklungs- und Entfaltungsmöglichkeiten Entwicklungs- und Entfaltungsmöglichkeiten sehen; gute Laufbahn- und Verdienstchancen haben.																	
Arbeitsstelle																		
3	Arbeitsinhalt Inhalt der Arbeitsaufgabe; das tun können, was man gerne macht und in der Ausbildung gelernt hat.																	
4	Arbeitsbedingungen Lohn, Arbeitsplatzsicherheit, Arbeitsanfall und Arbeitstempo; Arbeitsklima, Anerkennung der Arbeit.																	
Arbeitseinsatz																		
5	Arbeitsverhalten / Arbeitsmotivation Leistungsfähigkeit, Arbeitsstil, Anstrengungsbereitschaft, Schaffensdrang, Engagement.																	
6	Karriereerwartungen Einstellung zur beruflichen Karriere; Streben nach Positionen mit Gestaltungsmöglichkeiten und erhöhter Verantwortung.																	
Privatsphäre																		
7	Privatleben / Partnerschaft Partnerschaftliche Beziehung; Sorgen und Probleme im Privatleben; Zufriedenheit mit der Wohnsituation.																	
8	Freizeit Freizeitgestaltung; Freizeitaktivitäten; Hobby als Ausgleich zum Berufsleben.																	
Wohlbefinden																		
9	Stressbewältigung Reaktion auf Belastungssituationen; individuelle Anfälligkeit und Bewältigung von Stress.																	
10	Gesundheit / Kraftreserven Gesundheitliche Beanspruchung; gesundheitliche Beeinträchtigungen; geistige und körperliche Kraftreserven.																	
Persönlichkeit																		
11	Einstellung zu sich selbst Sich selber akzeptieren; sich mit dem eigenen Leben auseinandersetzen; Probleme bewältigen können.																	
12	Selbstvertrauen Soziale Kompetenz; Selbstsicherheit; Selbstbehauptung; sich im Leben durchsetzen können.																	
	Total Punkte		1	2	3	4	5	6	7	8	9	10	11	12	13	14	15	16

Und wie steht es mit Ihnen?

Ihr persönliches Situationsdiagramm kann niemand besser interpretieren als Sie selbst. Welche Eckpfeiler ergeben sich bei Ihrer Analyse? Was war Ihnen persönlich bereits einigermassen bekannt, welche Gesichtspunkte erhellte erst der Fragebogen des S&B Concept®? Lassen Sie das ausgefüllte Situationsdiagramm auf sich wirken und halten Sie die ersten Gedanken schriftlich fest.

Meine spontanen Gedanken zu meinem Situationsdiagramm:

Nun überlegen Sie sich, was das aktuelle Situationsdiagramm im einzelnen mit Ihnen selbst zu tun hat. Nehmen Sie sich dafür genügend Zeit. Denn nur Ihre Offenheit sich selbst gegenüber im Beurteilen, Abwägen und Gewichten bringt Sie persönlich weiter.

Auswertung des Situationsdiagramms

- **Ihre Auswertung sollte vom Gesamtprofil des Situationsdiagramms ausgehen. Um eine individuelle Bezugsgrösse Ihres Profils zu bekommen, zählen Sie die einzelnen Punktzahlen zusammen und teilen die Summe durch 12. Diesen Wert zeichnen Sie als senkrechte Linie in Ihr Diagramm. Jetzt zeigt sich, wo eventuell Veränderungen anzustreben sind (leere Felder links der Durchschnittslinie).**

- **Es gibt keine guten und keine schlechten Situationsdiagramme. Vielmehr handelt es sich um eine Momentaufnahme. Es ist eine Einschätzung der eigenen Befindlichkeit im Arbeits-, Berufs- und Privatleben.**

- **Das Situationsdiagramm zeigt auf, wie Sie die Energien verteilen. Es leuchtet die Quellen der Zufriedenheit bzw. Unzufriedenheit aus.**

- **Eine gesunde menschliche Entwicklung ist auf eine ausbalancierte Energieverteilung angewiesen. Ungleichgewichte in der Energieverteilung zeigen auf, auf Kosten welcher Bereiche dies geschieht.**

- **Notieren Sie sich auf den folgenden Seiten Ihre Erkenntnisse und Einsichten zum persönlichen Situationsdiagramm, die Sie zu den einzelnen Faktoren gewonnen haben. Ihre Bemerkungen bilden die Grundlage für die weiteren Schritte.**

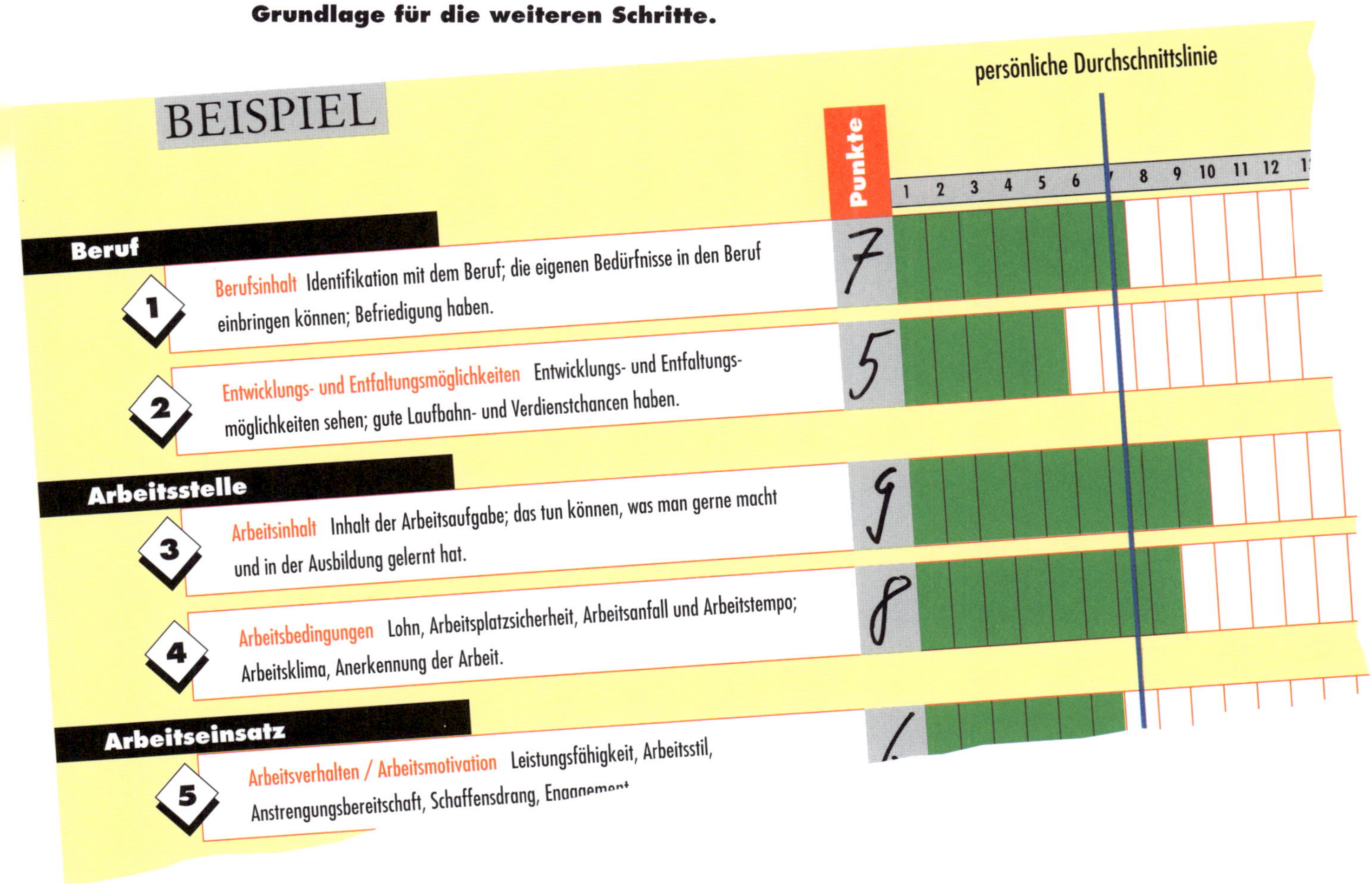

MEINE ERKENNTNISSE

Beruf

1 Berufsinhalt Identifikation mit dem Beruf; die eigenen Bedürfnisse in den Beruf einbringen können; Befriedigung haben.

2 Entwicklungs- und Entfaltungsmöglichkeiten Entwicklungs- und Entfaltungsmöglichkeiten sehen; gute Laufbahn- und Verdienstchancen haben.

Arbeitsstelle

3 Arbeitsinhalt Inhalt der Arbeitsaufgabe; das tun können, was man gerne macht und in der Ausbildung gelernt hat.

4 Arbeitsbedingungen Lohn, Arbeitsplatzsicherheit, Arbeitsanfall und Arbeitstempo; Arbeitsklima, Anerkennung der Arbeit.

Arbeitseinsatz

5 Arbeitsverhalten / Arbeitsmotivation Leistungsfähigkeit, Arbeitsstil, Anstrengungsbereitschaft, Schaffensdrang, Engagement.

6 Karriereerwartungen Einstellung zur beruflichen Karriere; Streben nach Positionen mit Gestaltungsmöglichkeiten und erhöhter Verantwortung.

MEINE ERKENNTNISSE

Privatsphäre

7 Privatleben / Partnerschaft Qualität der partnerschaftlichen Beziehung; Sorgen und Probleme im Privatleben; Zufriedenheit mit der Wohnsituation

8 Freizeit / Lebensgestaltung Freizeitgestaltung; Lebensgestaltung; Hobby als Ausgleich zum Alltag; Engagement für wichtige Anliegen

Wohlbefinden

9 Stressbewältigung Reaktion auf Belastungssituationen; individuelle Anfälligkeit und Bewältigung von Stress

10 Gesundheit / Kraftreserven Gesundheitliche Beanspruchung; gesundheitliche Beeinträchtigungen; geistige und körperliche Kraftreserven

Persönlichkeit

11 Einstellung zu sich selbst Sich selber akzeptieren; sich mit dem eigenen Leben und der eigenen Persönlichkeit auseinandersetzen

12 Selbstbehauptung Selbstvertrauen; Selbstsicherheit; soziale Kompetenz; sich im Leben durchsetzen; Probleme bewältigen

Themen, die ich bearbeiten will

Sie haben Ihr Situationsdiagramm nach dem S&B Concept® ausgewertet. Erste Erkenntnisse und Einsichten werden sichtbar. Es war sicher nicht einfach für Sie, sich mit diesen Faktoren auseinanderzusetzen. Vielleicht haben Sie auch nicht erwartet, sich im Rahmen einer beruflichen Standortbestimmung mit solchen Themen auseinandersetzen zu müssen.

Wir sind aber überzeugt, dass die verschiedenen Lebensfelder (Beruf, Freizeit, Privatleben) einen engen Zusammenhang haben und aufeinander abgestimmt sein sollten. Lebenszufriedenheit in jeder Lebensphase ist unseres Erachtens ein Reservoir, das sich aus verschiedenen Quellen speist.

Als Berufs- und Laufbahnberater wissen wir, wie wichtig es ist, über einen befriedigenden Beruf und eine sinnerfüllende Arbeit zu verfügen, wo persönliche Entwicklung und Entfaltung möglich sind. In unserer Gesellschaft erhält man aber gelegentlich den Eindruck, dass Beruf und Arbeit gegenüber anderen Lebensbereichen überproportional gewichtet werden. Eine harmonische Persönlichkeit wird sicher nach einer breiten Entfaltung und Entwicklung suchen.

Bei mir drängen sich Überlegungen und Veränderungen in folgenden Bereichen auf:

Markieren Sie die Bereiche, die Sie im Auge behalten wollen und notieren Sie sich, welche Fragen es dabei zu beantworten gilt.

Fragen zum Beruf

Mögliche Themen: Könnte ich noch eine weitere Ausbildung machen, vielleicht um meinen eigentlichen Wunschberuf auszuüben? Befürchte ich, den hohen Anforderungen in meinem Beruf bald nicht mehr gewachsen zu sein? Melde ich mich für eine gezielte Weiterbildung an oder gehe ich lieber bewusst «eine Stufe» zurück?

Arbeitsstelle

Mögliche Themen: Mein Beruf gefällt mir, aber an der jetzigen Arbeitsstelle geht es mir nicht gut. Woran liegt das und was kann ich tun? Ich habe den Eindruck, dass ich mich beruflich nicht genug einbringen kann. Wie kann ich die Situation verbessern?

Themen, die ich bearbeiten will

Arbeitseinsatz

Mögliche Themen: Wie komme ich beruflich zu mehr Unabhänigkeit oder Verantwortung? Wieviel kann und will ich für meinen beruflichen Erfolg leisten?

Privatsphäre

Mögliche Themen: Wie bekomme ich Familie, Freizeit und Berufstätigkeit besser «unter einen Hut»? Ist eine Reduzierung der Arbeitszeit sinnvoll und möglich? Muss ich Schwierigkeiten in meinem Privatleben bearbeiten, um wieder Energien für die berufliche Weiterentwicklung zur Verfügung zu haben?

Wohlbefinden

Mögliche Themen: Treten gesundheitliche Probleme im Rahmen der Berufstätigkeit auf oder haben sich diese verschlimmert, so dass ich ärztlichen Rat einholen muss? Ich möchte mich beruflich verändern, aber ich bin in letzter Zeit viel zu erschöpft, um mich neben allen aktuellen Schwierigkeiten auch noch damit zu befassen. Wie gewinne ich neuen Handlungsspielraum?

Persönlichkeit

Mögliche Themen: Für einen weiteren beruflichen Schritt, den ich mir wünsche, fehlt mir eine ganze Portion Selbstvertrauen. Wer kann mich unterstützen? Ich muss in nächster Zeit Entscheidungen fällen, die nicht nur mich betreffen. Wie bereite ich mich am besten darauf vor?

Erste Bedenkpause

Inzwischen haben Sie erfahren, dass zur Standortbestimmung nach dem S&B Concept® in erster Linie Ihre subjektive und momentane Empfindung und Beurteilung zählen. Sie werden immer wieder aufgefordert inne zu halten und aufzuschreiben, was Ihnen wichtig ist. Dieses schriftliche Festhalten der spontanen Gedanken, Ideen und Überlegungen ist ebenfalls – wie die daraus entstehenden Bedenkpausen – ein bedeutender Bestandteil im S&B Concept®. Ausformulierte Erkenntnisse bilden die Basis für ein schrittweises Weiterkommen in persönlichen und beruflichen Belangen.

Sie haben sich Zeit genommen und sich auf die Herausforderung einer persönlichen und beruflichen Standortbestimmung eingelassen. Das erarbeitete Situationsdiagramm haben Sie ausgewertet und interpretiert. Konnten Sie die eigene innere Stimme hören? Wieviel von dem, was Ihnen schon ansatzweise bekannt war, wurde durch die Auseinandersetzung mit dem Situationsdiagramm sichtbar gemacht oder bestätigt? Und was war neu für Sie? Halten Sie Ihre Erkenntnisse schriftlich fest.

Meine Erkenntnisse

Zwei Möglichkeiten bringen Sie nun weiter.

Sie fühlen sich motiviert und wollen weiterarbeiten. Setzen Sie Ihre Entdeckungsreise im weiteren Teil des Buches fort.

Sie benutzen die Bedenkpause, um das Bisherige mit einer Vertrauensperson zu besprechen.

Mögliche Gesprächspartner/innen:
- Vorgesetzte/r
- Personalchef/in
- Lebenspartner/in
- Berufs- und Laufbahnberater/in
- Personalberater/in
- Kollegen, Freundinnen
- Weitere: ....

Meine Gesprächspartner/innen in dieser Bedenkpause sind:

Name	Funktion	Tel. Nr.

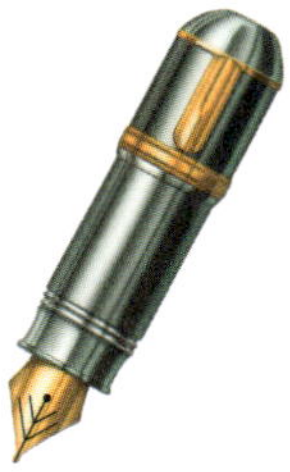

Persönlichkeit und Arbeit

Jedes Lebensalter hat seine spezifischen Herausforderungen und somit Krisen und Chancen der persönlichen und beruflichen Neuorientierung. Wer, wann und wo sich plötzlich vor einer Entscheidungssituation befinden wird, ist immer weniger voraussehbar.

Auch fehlt meistens die Zeit zur Besinnung. Ausser, Sie nehmen sich diese Zeit ganz bewusst, um Rückschau zu halten und sich zu fragen: «Wie ist das nur alles entstanden? Wie ist es soweit gekommen?».

Die Persönlichkeitsentwicklung ist nicht nur ein schicksalhafter, vorprogrammierter Reifungsprozess. Vom S&B Concept® aus betrachtet, ist sie vielmehr ein Sozialisationsprozess, den jeder Mensch für sich durchlaufen muss. Der aktiven Auseinandersetzung mit dem jeweiligen familiären, gesellschaftlichen, kulturellen und wirtschaftlichen Umfeld kommt eine grosse Rolle zu Teil. Nur wenn wir wissen, welche Menschen, Ereignisse und Umstände uns nachhaltig beeinflussen, können wir eigenständige Lebenskonzepte entwickeln.

Verschiedene Ausgangslagen

Markieren Sie die für Sie zutreffenden Situationen!

Ihre Ausgangslage kann sehr verschieden sein:

Situation 1:

Vielleicht sind Sie ein Mensch, der das bisherige Leben weit gehend problemlos gemeistert hat. Es gelingt Ihnen, aufkeimende Konflikte anzunehmen, sich mit ihnen auseinanderzusetzen und akzeptable Lösungen zu erarbeiten. Sie verstehen es, Ihr Privatleben und Berufsleben gut miteinander in Verbindung zu bringen, sodass Sie immer mehr oder weniger in Balance sind. Sie fühlen sich sowohl persönlich wie auch beruflich wohl und investieren einiges, um diese Zufriedenheit zu erhalten.

Situation 2:

Vielleicht gehören Sie aber auch zu jenen Menschen, die in der Laufbahnberatung einen gewichtigen Anteil ausmachen, nämlich diejenigen, welche bedeutsame Lebensfragen bisher ausgeklammert haben oder ihnen mehr oder weniger bewusst ausgewichen sind.

Situation 3:

Vielleicht gehören Sie zu jener Gruppe von Menschen – sie scheint im Ansteigen begriffen zu sein – die ein diffuses Gefühl mit sich herumträgt, das man weder als Zufriedenheit noch als Unzufriedenheit charakterisieren könnte. Es plagen Sie viele Zweifel. Es bereitet Ihnen Mühe, Ihr Leben so zu akzeptieren, wie es ist.

Situation 4:

Vielleicht haben Sie im Verlauf Ihres Lebens die Erfahrung gemacht, dass Sie immer wieder über dieselben Schwierigkeiten stolpern, oder Sie hadern gar mit Ihrem Schicksal, das Ihnen stets gleiche Ungerechtigkeiten beschert. Wer weiss, möglicherweise beneiden Sie die Menschen, denen alles etwas leichter fällt, und nehmen dies als Bestätigung einer persönlichen Unzulänglichkeit.

Sich seinen Lebensfragen stellen

Die Vorstellung, dass die Kindheit und das Jugendalter einen Erwachsenen entlassen wie eine Puppe einen Schmetterling, ist wenig wirklichkeitsnah. Tatsache ist, dass Erwachsene auch einem ständigen Entwicklungs- und Reifeprozess unterworfen sind. Dieser wird durch Ereignisse aller Art immer wieder von Neuem in Bewegung gebracht.

Niemand bestreitet das Schwierige und Schmerzliche an diesem Prozess. Oft wird aber ausser Acht gelassen, dass verdrängte Probleme und verhinderte Krisen viel Schlimmeres anrichten können als das Eingeständnis eines offensichtlichen Unbehagens.

Verlässlicher Boden unter den Füssen ist dann wieder zu gewinnen, wenn man sich auf eine aktive Auseinandersetzung mit Lebenssinnfragen einlässt und Schritt für Schritt eine Neuorientierung oder eine Neuentscheidung einleitet.

Die eigene Situation genau unter die Lupe zu nehmen, dem Unbehagen auf den Grund zu gehen und erst dann kleine Veränderungen vorzunehmen hat sich als wirksames Mittel zur Bewältigung von Lebenskrisen herausgestellt.

Vielfach werden wieder Energien frei, die vorher zum mühsamen Aufrechterhalten des inneren Gleichgewichtes eingesetzt waren. Zum Leben stellen sich in jedem Alter immer wieder neue Sichtweisen ein. Zu Hochs gehören auch gelegentliche Tiefs.

Nach innen horchen

Sich Zeit nehmen, sich auf die Herausforderung einlassen und auf die eigene innere Stimme hören, bringt weiter und glättet die Wogen in Situationen des Umbruchs. Wenn es ein Rezept gibt, dann gehört diese innere Stimme gewiss dazu. Sie wahrzunehmen, auf sie zu hören, müssen viele Menschen wieder neu entdecken.

Diese Entdeckungsfahrt lohnt sich. Indem wir uns neu an inneren Möglichkeiten orientieren, können wir uns dem Leben wieder öffnen, um so die anstehenden Probleme kompetenter zu lösen. Insofern beinhalten Krisen produktive Aspekte. Sie sind auch Lebenschancen. Die Überwindung eines Engpasses geht meist einher mit einer persönlichen Reifung und Entwicklung.

Drei Aufgaben zur Auswahl

Wir schlagen Ihnen zur bewussten Auseinandersetzung mit Ihrer Lebensgeschichte und Ihrer Lebensgestaltung drei anspruchsvolle Aufgaben vor. Das einzige, was Sie dazu brauchen, ist ausreichend Zeit für die Bearbeitung. Sie sollten ungestört und in einer ausgeglichenen Stimmung Ihren Gedanken und Ihren Gefühlen nachspüren können. Wählen Sie die Aufgabe aus, die Ihnen am meisten entspricht!

Aufgabe 1: Der Lebensfächer

Auf der folgenden Doppelseite finden Sie einen Lebensfächer, mit dem Sie Ihr Verständnis für sich selbst vertiefen können. Die Arbeit mit dem Lebensfächer gibt Ihnen Gelegenheit, prägnante Lebenssituationen gefühlsmässig nochmals zu durchleben. Die Aufgabe möchte Ihnen jedoch auch den Blick für das Ganze öffnen. Auf anschauliche Weise nähern Sie sich Ihrem Lebensweg an, und möglicherweise machen Sie eine ähnliche Erfahrung wie beim Zusammenstellen und Ergänzen eines komplizierten Puzzles: Plötzlich da und dort ein Aha-Erlebnis, ein Augenblick tiefer ganzheitlicher Einsicht in die persönliche Lebensgeschichte.

Indem Sie am Schluss Ihren Lebensfächer ausgefüllt vor sich haben, können Sie auch einen Blick in die Zukunft tun. Befassen Sie sich mit Ihren möglichen Lebenslinien, die sich durch engagiertes Handeln auftun. Im Grunde erreichen Sie durch die Auseinandersetzung mit Ihrer Lebensgeschichte nicht nur mehr Selbstverständnis und Bewusstheit, sondern legen gewissermassen auch ein Fundament zur weiteren persönlichen Entfaltung und Entwicklung.

Der Hauptzweck dieser Aufgabenstellung liegt ja gerade darin, aus dem Verständnis für die eigene Vergangenheit die Gegenwart intensiver zu leben und den Blick auf eine erfüllende Zukunft zu öffnen.

So gehen Sie vor

Viele Menschen brauchen eine bestimmte Anregung, damit sie sich auf vergangene Lebensabschnitte einlassen können.

Vielleicht suchen Sie sich aus allen Lebensphasen typische Fotos heraus, damit Sie sich wieder in Ihre damalige Lebenssituation einfühlen können. Manchmal sind für eine Einstimmung auch bestimmte Requisiten (Spielsachen, liebgewonnene Geschenke oder – falls vorhanden – Tagebücher) dienlich.

Einige Personen berichten, dass sie sich besonders gut an einen Lebensabschnitt erinnern können, wenn sie sich Musikstücke aus der betreffenden Zeit vorspielen.

Und nicht wenige haben die Gabe, mit geschlossenen Augen sich gewissermassen den eigenen Lebensfilm rückwärtslaufend vorbeiziehen zu lassen. Ihnen empfiehlt sich, von der gegenwärtigen Lebenssituation auszugehen und sich Station für Station jenem Punkt in der frühen Kindheit zu nähern, von dem erste Erinnerungsspuren vorhanden sind.

Am einfachsten ist es wahrscheinlich, wenn Sie jeweils am inneren Rand des Lebensfächers beginnen und sich in der Bearbeitung nach aussen vortasten, mit anderen Worten Antworten auf die folgenden Fragenbereiche suchen:

Wichtige Personen
Fragen Sie sich für jeden Lebensabschnitt, welche Menschen rund um Sie herum besonders wichtig waren, wie sie Ihr Leben begleiteten und mitbeeinflussten. Welche Personen förderten Ihre persönliche Entwicklung und Entfaltung, und welche behinderten sie allenfalls?

Wichtige Erlebnisse, Erfahrungen und äussere Ereignisse
Was hat Sie in Ihrer persönlichen Entwicklung und Entfaltung gefördert und was allenfalls behindert? Welche Erlebnisse, Erfahrungen und äussere Ereignisse übten einen nachhaltigen Einfluss auf Sie aus? Welches waren Hochs und Tiefs in Ihrem Leben?

Wichtige Entscheide in Ihrem Leben, Wendepunkte oder Kursänderungen
Welche wichtigen Entscheide haben Sie im Verlaufe Ihres Lebens in den verschiedenen Lebensabschnitten getroffen? In welchen Lebensbereichen haben Sie wichtige Weichenstellungen vorgenommen oder sich gänzlich neuorientiert, und was waren die Gründe dazu?

Lebensfächer

7 Jahre

Wichtige Entscheidungen, Wendepunkte oder Kursänderungen	Wichtige Erlebnisse, Erfahrungen und äussere Ereignisse	Wichtige Personen

14 Jahre

Wichtige Entscheidungen, Wendepunkte oder Kursänderungen	Wichtige Erlebnisse, Erfahrungen und äussere Ereignisse	Wichtige Personen

21 Jahre

Wichtige Entscheidungen, Wendepunkte oder Kursänderungen	Wichtige Erlebnisse, Erfahrungen und äussere Ereignisse	Wichtige Personen

28 Jahre

Wichtige Entscheidungen, Wendepunkte oder Kursänderungen	Wichtige Erlebnisse, Erfahrungen und äussere Ereignisse	Wichtige Personen

35 Jahre

Wichtige Entscheidungen, Wendepunkte oder Kursänderungen	Wichtige Erlebnisse, Erfahrungen und äussere Ereignisse	Wichtige Personen

42 Jahre

Wichtige Entscheidungen, Wendepunkte oder Kursänderungen	Wichtige Erlebnisse, Erfahrungen und äussere Ereignisse	Wichtige Personen

49 Jahre

Wichtige Entscheidungen, Wendepunkte oder Kursänderungen	Wichtige Erlebnisse, Erfahrungen und äussere Ereignisse	Wichtige Personen

56 Jahre

Wichtige Entscheidungen, Wendepunkte oder Kursänderungen	Wichtige Erlebnisse, Erfahrungen und äussere Ereignisse	Wichtige Personen

63 Jahre

Wichtige Entscheidungen, Wendepunkte oder Kursänderungen	Wichtige Erlebnisse, Erfahrungen und äussere Ereignisse	Wichtige Personen

Auswertung Lebensfächer

Wenn Sie Ihren ausgefüllten Lebensfächer betrachten, versuchen Sie einmal die Eckpfeiler Ihrer Biographie herauszuspüren.

- Vielleicht eröffnet Ihnen diese Art Lebensschau den Zugang zur persönlichen, familiären und gesellschaftlichen Einbettung.
- Möglicherweise erkennen Sie auch das Charakteristische an Ihrem Lebensstil, gewissermassen das Lebensmotto, das Ihren bisherigen Lebensweg prägnant umschreibt, ja Sie werden sich gar bewusst, welche Personen und welche Ereignisse Ihr Lebensmuster und Ihren Lebensstil mitgestalteten.
- Viele Erwachsene erkennen mit Erstaunen, wie sehr ihr jetziges Verhalten noch von Prägungen der Kindheit und der Jugendzeit beeinflusst wird.

Durch die Bearbeitung der eigenen Lebensgeschichte können Sie zu einem neuen Selbstverständnis gelangen. Wenn Sie die Vergangenheit besser verstehen, öffnet sich der Weg für die Gegenwart und die Zukunft. Die eigene Lebensgeschichte besser zu erkennen und zu verstehen ist der Angelpunkt zur weiteren persönlichen Entfaltung, zu einem Lebensstil, der vor allem auch die eigenen Bedürfnisse anerkennt und sich an Vorstellungsbildern und Werthaltungen orientiert, die den eigenen entsprechen.

Viele Menschen haben das Bedürfnis, mit Ihrem Partner, Ihrer Partnerin oder mit einem guten Vertrauten darüber zu sprechen und so deren Meinung und Stellungsnahme mit in die eigene Auseinandersetzung einzubeziehen. Gemeinsames Suchen bedeutet oft auch gemeinsames Entdecken von neuen Erkenntnissen und Sichtweisen.

Halten Sie hier Ihre Erkenntnisse fest

Aufgabe 2: Mein Verhältnis zu Arbeit und Beruf

Die folgende Übung zeigt Ihnen, welche Vorstellungsbilder Sie mit Arbeit und Beruf verbinden und inwieweit diese Bilder durch familiäre, erzieherische oder gesellschaftliche Einflüsse für die Ausprägung eines persönlichen Arbeitsstils und für Ihre Bewertung von Arbeit und Beruf überhaupt verantwortlich sind. Wie können Sie Ihrem persönlichen Verhältnis zu Arbeit und Beruf nachspüren?

- Zuerst überlegen Sie, was Ihnen persönlich Arbeit und Beruf heute bedeuten.
- Daraufhin vergegenwärtigen Sie sich, welche Botschaften zu Arbeit und Beruf Ihnen wichtige Bezugspersonen im Laufe Ihres Lebens vermittelten.
- Schliesslich fragen Sie sich, inwieweit Sie auf eigenständigen Wertvorstellungen fussen oder inwieweit Ihr Verständnis von Arbeit und Beruf noch stark von wichtigen Bezugspersonen oder von gesellschaftlichen Wertvorstellungen geprägt ist.

So wird es gemacht

Wir haben für Sie eine Visualisierungshilfe für Ihre Notizen geschaffen. Beschreiben Sie zuerst in ein paar Stichworten Ihre Vorstellungen von Arbeit und Beruf. Was fällt Ihnen spontan zu den Begriffen Arbeit und Beruf ein? Was bedeutet Ihnen Arbeit und Beruf? Was ist Ihnen persönlich wichtig? Welche Einstellungen, Bedürfnisse, Wünsche und Hoffnungen verknüpfen sich mit Beruf und Arbeit? Tragen Sie Ihre Bemerkungen in das mittlere Feld ein.

Stellen Sie sich nun vor, Sie könnten einen Film, auf dem alle Ihre persönlichen Erfahrungen mit Arbeit und Beruf abgelichtet sind, rückwärts laufen lassen. Der Film zeigt zunächst Szenen aus Ihrem Beruf und dem heutigen Arbeitsplatz. Stellen Sie sich einen typischen Arbeitsalltag vor. Welche Gedanken, Gefühle, Erwartungen, Hoffnungen und Befürchtungen drängen sich auf, wenn Sie an Ihre Tätigkeit denken?

Und nun lassen Sie den Film langsam rückwärts laufen. Gehen Sie den Weg zurück über alle bisherigen Arbeitsstellen, über die Ausbildung bis hin zur ersten Berufswahl. Immer wenn Sie ein klares Bild von der jeweiligen Station haben, gehen Sie weiter zurück.

Die nächsten Stationen sind Schulabschluss, Schulzeit, Lehrer, Mitschüler. Schauen Sie retour auf Ihre Familie und das damalige Umfeld. Sehen Sie den Menschen bei der Arbeit zu, wie sie arbeiten, was sie von ihrer Arbeit halten und erzählen, was sie vielleicht nur andeuten oder gar verschweigen. Der Vater, die Mutter, die Grosseltern, Verwandte und Bekannte, Nachbarn. Was sagen ihre Gesichter oder ihre Körper? Welche Botschaften vermitteln diese Personen?

Erinnerungsbilder zu Arbeit und Beruf

Gehen Sie so weit zurück, bis zu der Erinnerung, als Sie als kleines Kind erstmals erkennen: Das ist Arbeit.

Notieren Sie nun die Erinnerungsbilder und die Botschaften von verschiedenen Bezugspersonen. Halten Sie allenfalls auch deren typische Bemerkungen zu Arbeit und Beruf fest.

Auf diese Weise fahren sie fort. Sie brauchen Ihren Film nur wieder vorwärts laufen zu lassen von der Vergangenheit bis hin zur Gegenwart. So erhalten Sie ein plastisches Bild davon, wie Ihre unmittelbare Umgebung Ihr eigenes Verständnis von Arbeit und Beruf mitbeeinflusste.

Mutter

Weitere wichtige Bezugspersonen

Lehrer/innen

Vater

Geschwister

Ich selbst

Lehrmeister/in

Vorgesetzte/r

Zur Auswertung

Versuchen Sie den folgenden Fragen nachzuspüren:

- **Welchen Stellenwert nahmen Arbeit und Beruf im Leben Ihrer Familie ein? Wie wirkte sich das auf Sie persönlich aus? Hatten die familiären Vorstellungsbilder Einfluss auf die Zeit in der Schule, bei der ersten Berufswahl, in der Ausbildung oder während der beruflichen Entwicklung?**
- **Welchen Bezugspersonen fühlen Sie sich heute noch nahe, wenn Sie an Ihr Verhältnis von Arbeit und Beruf denken? Welche Bezugspersonen haben oder hatten Vorstellungsbilder von Arbeit und Beruf, die ganz und gar nicht mit Ihren eigenen übereinsimmen?**
- **Gibt es in Ihrer Arbeitswelt heute Menschen, die Sie stark an die Rolle von früheren Bezugspersonen erinnern?**
- **Welche Arbeiten taten sie früher gerne beziehungsweise ungerne? Und wie steht es heute damit?**
- **Gibt es zwischen früher und heute Ähnlichkeiten, wie die Menschen bei der Arbeit miteinander umgehen?**
- **Was bedeuteten Arbeit und Beruf für Sie früher, und wie stehen Sie heute dazu?**
- **Und in Zukunft: Welche Bedeutung möchten Sie der Arbeit und dem Beruf geben?**

Notieren Sie Ihre Gedanken und Schlussfolgerungen hier:

Aufgabe 3: Energie und Zeit

Es ist Zeit zu wissen, wieviel Energie Sie in welche Lebensfelder investieren. Dabei haben Sie von der Vorstellung auszugehen, dass Ihnen nicht unbeschränkt Energien und Zeit zur Verfügung stehen, sondern dass Sie Ihr Engagement abwägend auf die verschiedenen Lebensfelder zu verteilen haben.

Vielleicht reizt es Sie, sich selber einmal Gedanken darüber zu machen. Die Sache ist einfach. Gehen Sie davon aus, dass Ihr gesamtes Engagement in einem Kreis unterzubringen ist, als wäre es ein Kuchen. Interessant ist nun, wie die einzelnen Lebensfelder anteilmässig in diesem «Energie-Kuchen» vertreten sind. Das dürfte individuell unterschiedlich grosse Stücke absetzen. Damit Sie es etwas leichter haben, geben wir Ihnen die wichtigsten Lebensfelder vor.

Versuchen Sie abzuschätzen, wieviel Energie und Engagement Sie für die einzelnen Lebensbereiche aufbringen, und zeichnen Sie dies anteilsmässig in den gesamten «Energie-Kuchen» ein.

Die zu beurteilenden Lebensfelder sind die folgenden:

Familie/Partnerschaft/Freundschaft
Partner/Partnerin, Kinder, Verwandte, Freundeskreis

Wohnen
Pflege von Haus und Wohnung, Haushalt, Garten

Freizeit
Hobby, Ausgleich, Sport, Ferien, Fitness, Wellness

Beruf und Arbeit
Berufliches Engagement, Karriere, Verdienst, Weiterbildung

Ausserberufliches Engagement
Vereinsleben, Kirche, Politik, öffentliche Ämter, freiwillige Arbeit

Zeit für sich selber
Entspannen, Musse haben, sich mit sich selber beschäftigen können

Weitere Lebensfelder
Nach eigenen Vorschlägen

Beispiel

Dieser «Energie-Kuchen» zeigt die Aufteilung der Energie einer 32-jährigen Bankprokuristin, die zu 70% berufstätig ist. Zudem engagiert sie sich im Elternverein ihrer Gemeinde. Für ihr Wohlbefinden treibt sie regelmässig Sport und liest Krimis. Die Hausarbeit und Kinderbetreuung übernimmt teilweise ihr Partner, zudem geht ihre Tochter in eine Tagesschule und ist häufig bei der Grossmutter.

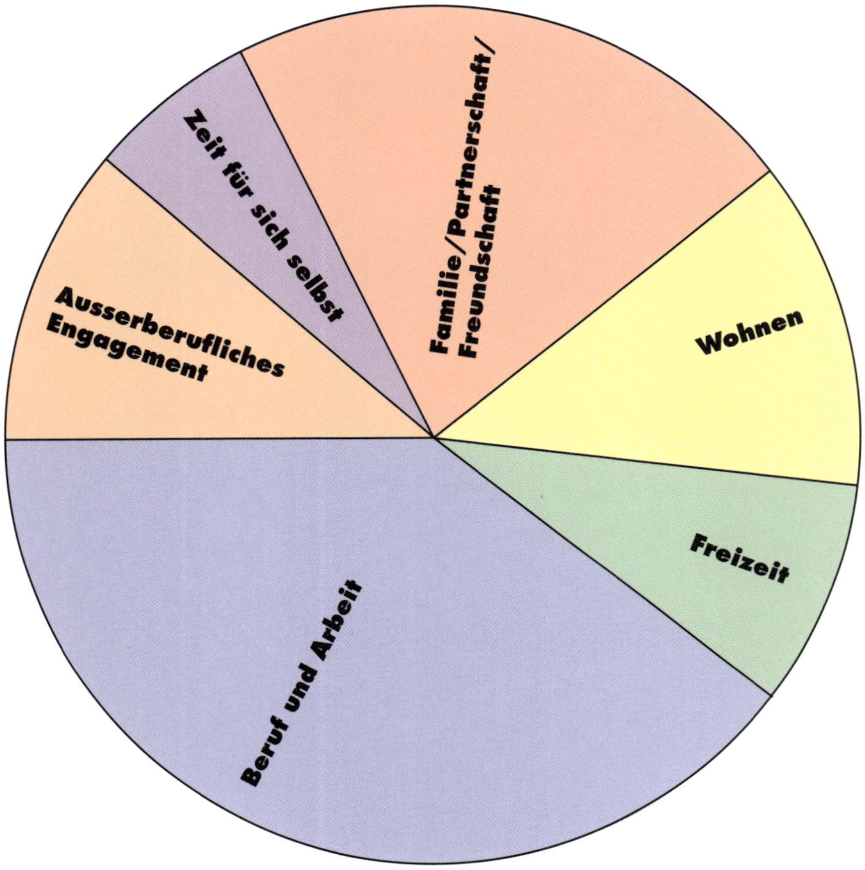

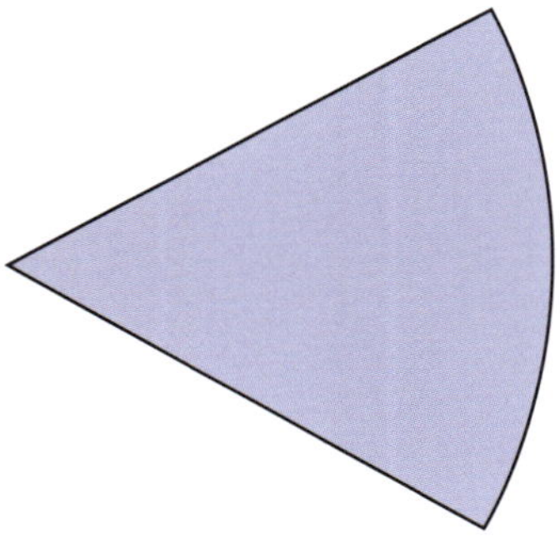

Je grösser die Fläche ist, desto aktiver und gestaltender ist das Engagement in diesem Bereich veranschlagt.

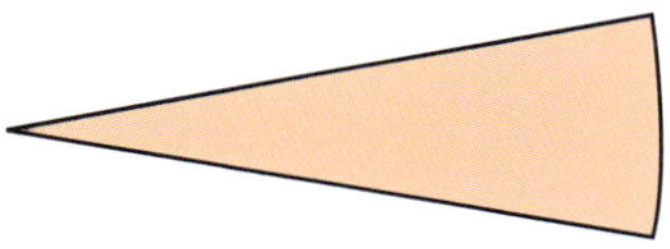

Je kleiner die Fläche ist, desto eher handelt es sich um ein passives, konsumierendes Verhalten im betreffenden Bereich.

Wie sieht Ihr Energie-Kuchen aus?

Versuchen Sie nun, Ihre persönliche Energieaufteilung und Ihr Engagement in den einzelnen Lebensfeldern festzuhalten.

Und die Auswertung?

- Fragen Sie sich, ob Ihre persönliche Energieverteilung nach Ihren Vorstellungen genügend ausgewogen ist.
- Gibt es Lebensbereiche, welche Ihnen überproportionale Energien abverlangen, und auf Kosten von welchen Lebensfeldern geht das?
- Gibt es Lebensbereiche, in denen ein aktiveres Engagement wünschbar und sinnvoll wäre?
- Wo möchten Sie Ihren Energieeinsatz so belassen oder allenfalls reduzieren?
- Welche Konsequenzen hätten die geplanten Veränderungen mutmasslich?
- Denken Sie daran: Wenn Sie zusätzlich z.B. eine Weiterbildung machen wollen, müssen Sie die entsprechende Zeit woanders wegnehmen!

Zeichnen Sie Ihren «Energie-Kuchen» so, wie Sie ihn als ideal und ausgewogen empfinden. Auf diese Weise sehen Sie auf einen Blick, wie Sie Ihre Gewichte künftig verteilen sollten, um zu mehr Lebensqualität zu kommen.

So sieht Ihr idealer Energie-Kuchen aus

Vielleicht entdecken Sie, dass Sie bestimmten Lebensbereichen eher reserviert gegenüber gestanden sind. Viele Menschen reden sich ein, für gewisse Dinge wenig Talent zu haben. Manch einer merkt aber plötzlich, dass er gewisse Sachen nicht nur ebenso gut wie andere kann, sondern dass ihm das sogar noch Freude und innere Befriedigung bringt. Was es dazu braucht? Eine gewisse Experimentierfreude, Bereitschaft zur Öffnung, Mut, um über den eigenen Schatten zu springen.

Wenn Sie neue Vorsätze fassen möchten, dann notieren Sie dies hier unten:

Meine neuen Vorsätze

Zweite Bedenkpause

Die meisten Menschen suchen in ihrer Tätigkeit Berufung. Arbeit verkommt aber immer mehr zum Job auf Zeit. Dem Sinn und der Wertgebung der einzelnen Menschen kommt im Zeitalter des Patchworking und Port-Folio-Working eine immer grössere Bedeutung zu. Mit den vorausgegangenen drei Aufgaben nach dem S&B Concept® wollen wir Ihnen die Entwicklung und Erhaltung Ihres eigenen Lebenskonzepts erleichtern. Sie haben in mindestens einer Übung Ihr Verhältnis zu Arbeit und Beruf hinterfragt? Sie haben herausgefunden, was Sie brauchen, damit Ihre Arbeit, Ihr Leben, Sinn macht? Halten Sie hier Ihre Erkenntnisse fest!

Bedenkpausen sind einmalige Gelegenheiten, das bisher Erarbeitete mit einer Vertrauensperson zu besprechen. Das konstruktive Gespräch gehört zur Laufbahnplanung nach dem S&B Concept® wie das Wasser und der Wein zu einem guten Essen. Wählen Sie sich dafür einen Gesprächspartner oder eine Gesprächspartnerin aus, dem oder der Sie vertrauen. Als Spielregel merken Sie sich, dass diese Person in erster Linie zuhören soll. Gezielte Fragen, die Sie weder mit Ja noch mit Nein, sondern nur mit ganzen Sätzen und Überlegungen beantworten können, darf Ihre Vertrauensperson Ihnen stellen. Wertungen und Urteile über Ihre Gedanken sind nicht erlaubt. Eine Person, die mit Ihnen ein solches Gespräch führt, ist Gold wert und darf von Ihnen durchaus einmal zum Essen eingeladen werden! Vergessen Sie nicht, das Gesprächsergebnis zu notieren!

Meine Erkenntnisse

Zwei Möglichkeiten bringen Sie nun weiter.

Sie fühlen sich motiviert und wollen weiterarbeiten. Setzen Sie Ihre Entdeckungsreise im weiteren Teil des Buches fort.

Sie benutzen die Bedenkpause, um das Bisherige mit einer Vertrauensperson zu besprechen.

Mögliche Gesprächspartner/innen:
- Vorgesetzte/r
- Personalchef/in
- Lebenspartner/in
- Berufs- und Laufbahnberater/in
- Personalberater/in
- Kollegen, Freundinnen
- Weitere: ....

Meine Gesprächspartner/innen in dieser Bedenkpause sind:

Name	Funktion	Tel. Nr.

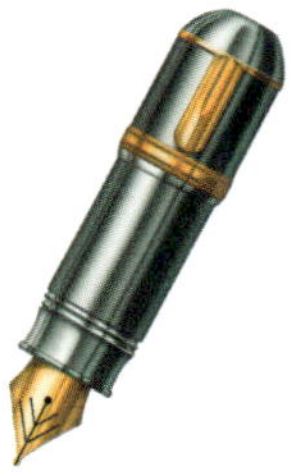

Den Lebensgestaltern und -gestalterinnen gehört die Zukunft

Die moderne Arbeitswelt enthält Chancen und Spielräume für Menschen, die ihre eigene Laufbahn und Biographie aktiv mitgestalten wollen. Notwendig ist jedoch eine neue Haltung und Sichtweise. Aus- und Weiterbildung sind zwar wichtig für eine erfolgreiche Berufstätigkeit, aber nicht Garant für den sicheren Arbeitsplatz. Anstelle von Berufen mit Zukunft treten Menschen mit Zukunft, die Lebensgestalter. Sie haben mit Ihrem bisherigen Engagement in diesem Buch gezeigt, dass Sie auch dazu gehören.

Lebensgestalterinnen sind Menschen, die selbstbewusst denken und handeln. Sie tragen Verantwortung nicht nur für abgegrenzte Bereiche, sondern behalten stets das Ganze im Auge. Lebensgestalter betrachten ihr Leben als Unternehmen, welches sie nach eigenen Wert- und Zielvorstellungen managen und gestalten. Sie nehmen ihr Leben in die eigenen Hände, überlassen wenig dem Zufall und fallen auch in Krisensituationen nicht in die Opferrolle.

Lebensgestalter ergreifen Chancen, wo sie sich bieten und sind flexibel und wandlungsfähig. Sie entscheiden, was sie wirklich wollen und welche Ziele ihnen wichtig sind. Lebensgestalterinnen haben sehr individuelle Biographien. Ihr Selbstbild, die Grundwerte und Mentalität sind aber ähnlich. Sie sind neugierig, kreativ, optimistisch und wissen, dass nicht der Beruf, sondern sie selber als Menschen eine Zukunft haben.

Mit dem S&B Concept® unterstützen wir Sie, diese zukunftsorientierte Haltung zu erlernen oder zu erhalten und weiter zu entwickeln.

Orientierung in schwierigen Zeiten

«Es wandeln sich die Zeiten und wir uns in ihnen», sagt ein geflügeltes Wort, das man einem Enkel Karls des Grossen zuschreibt. Es wird immer wieder zitiert, wenn innere und äussere Wandlungen zur Diskussion stehen. Genau das ist der Fall, wenn Sie vor einer beruflichen Standortbestimmung stehen. Besonders heute ist es wichtig, dass wir unsere Ausgangslage möglichst genau beurteilen. Lesen Sie darum die folgenden Situationsbeschreibungen durch und markieren Sie diejenigen, die am stärksten auf Sie zutreffen.

Ich selbst verändere mich...

Neigungen und in gewissen Bandbreiten auch Begabungen sind durchaus veränderlich. So ist es möglich, dass Sie Ihr Engagement und Ihr **Interesse für eine berufliche Tätigkeit nach und nach verlieren,** weil Sie neue Erfahrungen gemacht haben oder weil im Verlaufe der Zeit neue Schwerpunkte entstanden sind.

◇ Berufliche Neuorientierung

Vielleicht **passen Position und Berufsrolle nicht mehr** zu Ihnen, weil Sie sich von Zwängen und Abhängigkeiten befreien möchten, die Sie, möglicherweise seit Ihrer Kindheit, in sich tragen. Sie wollen sich beruflich neu orientieren.

Berufswechsel aus wirtschaftlichen Gründen

Möglicherweise müssen Sie aus **wirtschaftlichen Gründen** an einen Berufswechsel denken. Sie fragen sich, welche beruflichen Tätigkeiten Ihnen noch entsprechen und wo Ihre Chancen liegen könnten.

Grössere Herausforderung

Vielleicht ist in Ihnen jedoch ein **Wunsch nach grösserer Herausforderung** gewachsen, nach Entfaltung, Aufstieg und Erfolg. Sie möchten Ihr Können, Ihre Kreativität, Ihre Führungsqualitäten unter Beweis stellen und mehr leisten.

Neue Sinn- und Wertgebung

Es könnte aber auch sein, dass Sie sich irgendwie **«ausgebrannt» fühlen**. Sie sehnen sich nach einer Tätigkeit, in der das Engagement und die Verantwortung für eine sinnvolle Idee zählen.

Die Berufswelt und der Arbeitsmarkt verändern sich...

Die Sicherheit des Arbeitsplatzes, ein konstantes Arbeitsumfeld, Loyalität und Firmentreue gehören der Vergangenheit an. Was uns die Zukunft bringt, ist nicht so klar sichtbar. Der schnelle Wandel, grosser Kostendruck, wachsende Globalisierung und technologische Entwicklungssprünge werden uns in den nächsten Jahren beschäftigen.

Wer in der Berufswelt von heute bestehen will, muss mit seinen fachlichen und persönlichen Fähigkeiten für eine vielseitige Einsatzmöglichkeit bürgen. Überdurchschnittliches Engagement und ständige Weiterbildung sind heute eine Selbstverständlichkeit. Der Wechsel des angestammten Berufes oder der Branche sind heute die Regel und nicht mehr die Ausnahme.

Diese Aspekte müssen sie auch bei der eigenen Laufbahnplanung einbeziehen. Damit bleiben Sie beruflich fit und können die besten Chancen für Ihre berufliche Weiterentwicklung wahrnehmen.

So können Sie Ihre Möglichkeiten abschätzen

Wir haben in der Laufbahnberatung die Erfahrung gemacht, dass sich die meisten Menschen bei einer beruflichen Standortbestimmung mit zwei Themen stark beschäftigen: Der **eigenen Persönlichkeit** und den **beruflichen Möglichkeiten.**

Auf den nächsten Seiten erarbeiten Sie nun Ihren aktuellen **Persönlichkeits-Pass** sowie den dazugehörenden **Berufs-Pass.**

Viel Spass!

Mein aktueller Persönlichkeits-Pass

So erfahren Sie, wo Ihre Interessen liegen

Es ist eine Tatsache, dass Sie sich selbst am besten kennen. Ihre Interessen und Neigungen, aber auch Ihre Begabungen, Ihr Wissen und Können, Ihre persönlichen Stärken und Schwächen können Sie selber am besten einschätzen. Jeder Mensch hat eine «innere Stimme», eine Telefonverbindung zu sich selber. Es gilt, sich Zeit zu nehmen und in sich hineinzuhören. Füllen Sie nun Ihren **Persönlichkeits-Pass** aus. Was ist Ihnen mit Blick auf die berufliche Tätigkeit wichtig? Erstellen Sie ein **Wunschbild** davon, was Sie beruflich gerne tun würden.

Persönlichkeits-Pass Bedürfnisse, die ich in meinen Beruf einbringen möchte	unwichtig	gewisse Bedeutung	sehr wichtig
Kontakt mit Menschen, beraten, helfen			
Allgemeines oder fachliches Wissen weitergeben			
Leitende Funktion und Verantwortung übernehmen			
In einem Team arbeiten, sich in einer Gruppe wohlfühlen			
Aufgaben alleine und selbständig bearbeiten			
Experimentieren, analysieren, forschen, etwas heraustüfteln			
Gestalterisch und kreativ tätig sein, das ästhetische Empfinden einsetzen			
Sich mit technischen Konstruktionsproblemen befassen, planen, projektieren			
Umgang mit Informationstechnologien, Software anwenden, programmieren			
Mit Zahlen umgehen, etwas berechnen oder kalkulieren			
Umgang mit Sprachen, Muttersprache oder Fremdsprachen schreiben, reden			
Organisatorische Aufgaben übernehmen, koordinieren, disponieren			
Administrative und kaufmännische Aufgaben bearbeiten			
Bewegung haben, nicht immer am selben Ort sein			
Manuell tätig sein, handwerklich zupacken			

Mein aktueller Berufs-Pass

Was verlangte der frühere Beruf?

Und nun zum zweiten Profil. Sie gelangen zu einem **Berufs-Pass,** in dem Sie sich fragen, welche Bedürfnisse, Neigungen und Begabungen Ihr Beruf anspricht. Was ist in Ihrer Tätigkeit sehr wichtig, einigermassen bedeutsam und was ganz und gar unwichtig? Gehen Sie davon aus, Sie müssten für Ihren Beruf eine «ideale Bewerberin» oder einen «idealen Bewerber» auswählen. Welche Interessen- und Begabungsschwerpunkte sind optimal? Kreuzen Sie das bitte im **Berufs-Pass** an! Er soll möglichst der **Realität** entsprechen.

Berufs-Pass Erfordernisse, die in meinem Beruf wichtig sind	unwichtig	gewisse Bedeutung	sehr wichtig
Kontakt mit Menschen, beraten, helfen			
Allgemeines oder fachliches Wissen weitergeben			
Leitende Funktion und Verantwortung übernehmen			
In einem Team arbeiten, sich in einer Gruppe wohlfühlen			
Aufgaben alleine und selbständig bearbeiten			
Experimentieren, analysieren, forschen, etwas heraustüfteln			
Gestalterisch und kreativ tätig sein, das ästhetische Empfinden einsetzen			
Sich mit technischen Konstruktionsproblemen befassen, planen, projektieren			
Umgang mit Informationstechnologien, Software anwenden, programmieren			
Mit Zahlen umgehen, etwas berechnen oder kalkulieren			
Umgang mit Sprachen, Muttersprache oder Fremdsprachen schreiben, reden			
Organisatorische Aufgaben übernehmen, koordinieren, disponieren			
Administrative und kaufmännische Aufgaben bearbeiten			
Bewegung haben, nicht immer am selben Ort sein			
Manuell tätig sein, handwerklich zupacken			

Stimmen Ihr Persönlichkeits-Pass und Ihr Berufs-Pass überein?

Der Vergleich Ihres aktuellen Persönlichkeits-Passes mit Ihrem Berufs-Pass zeigt Ihnen, welche Bedürfnisse noch unbefriedigt sind. Je näher die beiden Profile beieinander liegen, desto zufriedener müssten Sie sich in Ihrem Beruf fühlen. Weichen die beiden Profile unübersehbar voneinander ab, drängen sich Überlegungen zur beruflichen Neuorientierung auf.

Wenn Sie Ihren Persönlichkeits-Pass mit dem Berufs-Pass vergleichen, fallen Ihnen verschiedene Dinge auf. Wie erklären Sie sich allfällige Unterschiede und was bedeuten sie Ihnen persönlich? Welche Themen fehlen? Hat Ihre gegenwärtige Sitution einen direkten oder indirekten Zusammenhang mit den Unterschieden von Persönlichkeits- und Berufs-Pass? Welche Bereiche möchten Sie stärker entwickeln?

Machen Sie zuerst Ihre Überlegungen und ziehen Sie Bilanz. Lesen Sie erst weiter, wenn Sie die Aufgabenstellung bearbeitet haben.

Ihre wichtigsten Interessen

Gehen Sie nochmals zu Ihrem Persönlichkeits-Pass zurück. Markieren Sie die Themen, die Ihnen am wichtigsten sind. Vielleicht fallen Ihnen noch Ergänzungen und auf Sie zutreffende Stichworte ein.

Fassen Sie Ihre Interessen hier nochmals zusammen. Betrachten Sie dabei hauptsächlich Ihre beruflichen Interessen. Auf welche Interessen möchten Sie in Ihrem Beruf auf keinen Fall verzichten? Welche Themen sind Ihnen in der Freizeit wichtig?

Wichtigste Interessen im Beruf

Wichtigste Interessen in der Freizeit

Berufliche Träume und Visionen

Eigentlich wollen die meisten Menschen möglichst ganzheitlich tätig sein. Dies wird in unseren Beratungsgesprächen deutlich. Demnach vermissen in der hochtechnologisierten und anspruchsvollen Arbeitswelt viele Menschen die Herausforderung aller ihrer Sinne. Der errungene Wohlstand hat seinen Preis: Definierte, durchstrukturierte und hochspezialisierte Arbeitsplätze, Leistungsdruck usw. In einer solchen Arbeitswelt haben Träume und Visionen keinen Platz. Nicht von ungefähr leben viele Menschen ihre Sehnsüchte in der Freizeit aus. Dies ist meistens mit recht viel energetischem und auch finanziellem Aufwand verbunden.

Viele Frauen und Männer fühlen sich gespalten in Freizeit- und Arbeitsmenschen. Immer mehr wollen ausbrechen und wagen eine bewusstere und ganzheitlichere Gestaltung ihres Lebens. Sie suchen neue Arbeitsformen, sind in verschiedenen Berufen tätig und verstehen sich immer mehr als eigentliche Lebensgestalter/innen. Die Unsicherheit auf dem Arbeitsmarkt beschleunigt diesen beobachtbaren Prozess zusätzlich.

Träume und Visionen waren aber immer schon wichtige Motivatoren für die Zufriedenheit der Menschen. Für ein Gelingen einer Berufs- und Lebensberatung nach S&B Concept® sind Träume und Visionen notwendig, ja Bedingung. Also lassen auch Sie sich in ihre Traumberufswelt entführen. Dazu laden wir Sie ein, sich mit folgenden Fragen zu beschäftigen:

Träume

**Hatten Sie als Kind einen Traumberuf?
Was ist aus ihm geworden?**

Hatten Sie einen Traum vom Leben an der Schwelle des Erwachsenwerdens? Haben Sie ihn verwirklicht? Oder hat sich Ihre Vorstellung verändert und gewandelt?

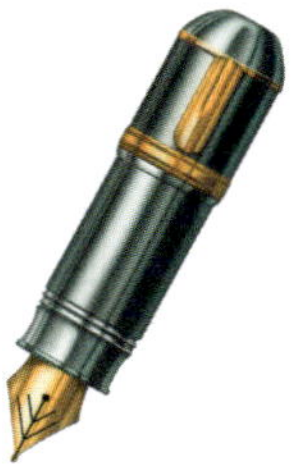

Träumen Sie auch jetzt manchmal von der Zukunft, wie es wäre, wenn...? Wie es sein könnte, wenn...?

Visionen

Machen Sie eine Reise in die Zukunft. Versuchen Sie, hier schriftlich festzuhalten, was Ihnen ab und zu über Bauch und Herz durch den Kopf geht.

Nehmen Sie sich genügend Zeit, suchen Sie aber in Ihren Antworten nicht zu weit. Greifen Sie die Gedanken auf, die Ihnen zuerst einfallen.

Ich wollte schon immer ______________________________

____

____

____

____

Ich habe schon oft darüber nachgedacht, wie es wäre, wenn __________

____

____

____

____

Ich wünschte, ich hätte noch einmal eine Chance, um __________

____

____

____

____

Es hat mir immer Spass gemacht ______________________________

____

____

____

____

____

Ich glaube, es gefiele mir ______

Wenn ich es mir leisten könnte, würde ich ______

Ich könnte mich gut vorstellen als ______

Ich würde gerne Leute treffen, die ______

Ein Teil von mir will ______

Wenn ich den Mut hätte, würde ich ______

Ideen und Träume werden wahr

Sie haben Ihre beruflichen Träume und Visionen auf den vorausgegangenen Seiten festgehalten. Es geht nun darum, allfällige Ähnlichkeiten, Auffälligkeiten und Überraschungen festzuhalten und zu verarbeiten.

- **Überlegen Sie sich nun, welche Ideen und Träume Sie allenfalls wieder aufgreifen könnten.**
- **Sprechen Sie mit Ihrem Partner, einer Freundin oder einem Freund darüber.**
- **Fragen Sie Ihre Eltern, wie es dazu kam, dass Sie Ihre eigenen Träume nicht verwirklicht haben.**
- **Machen Sie jetzt eine Bilanz und entscheiden Sie sich, welche Ideen und Träume Sie zur Seite legen und über welche Sie weiter nachdenken wollen.**

Halten Sie Ihre Ideen und Träume, die Sie weiterbearbeiten wollen, hier schriftlich fest.

Meine Lebensphilosophie

Sinn- und Wertvorstellungen prägen unser Leben. Daraus entsteht die persönliche Lebensphilosophie. Diese Fragen gehen in Ihre persönliche Tiefe und berühren Ihre Seele. Ihre Lebensphilosophie ist das Fundament Ihres Daseins und Wirkens! Nehmen Sie sich deshalb genügend Zeit dafür.

Wofür bin ich dankbar in meinem Leben?

Worauf bin ich stolz in meinem Leben?

Was wünschte ich, wäre in meinem Leben anders?

Worauf möchte ich keinesfalls verzichten?

Welche grundlegenden Werte beeinflussen mich?

Was möchte ich erreichen?

Dritte Bedenkpause

Sie haben in der persönlichen und beruflichen Standortbestimmung nach dem S&B Concept® einen wichtigen Zwischenschritt erreicht. Den Persönlichkeits-Pass und den Berufs-Pass haben Sie verglichen und Ihre Bilanz (Seite 44) sowie die daraus resultierenden Interessen (Seite 45) schriftlich festgehalten. Auch Ihre Träume und Visionen (Seite 46-50) sowie Ihre Sinn- und Werthaltungen (Seite 51) haben Sie hinterfragt. Übertragen Sie zusammenfassend Ihre wichtigsten Erkenntnisse und Einsichten dazu!

Sie erinnern sich an die Spielregeln des Beratungsgesprächs nach dem S&B Concept® aus der zweiten Bedenkpause. Welche Fragen beschäftigen Sie jetzt? Was möchten Sie abklären? Wer könnte Sie beim Finden der Antworten unterstützen? Wenn Sie sich beim letzten Gespräch wohl und verstanden gefühlt haben, so nehmen Sie mit dieser Person wieder Kontakt auf! Wenn nicht, wechseln Sie Ihr Gegenüber. Vielleicht schmeckt auch das Essen und der Wein besser!

Laufbahnplanung darf durchaus lustvoll sein, darum lassen Sie die Sinne sprechen, gerade wenn es um Träume und Visionen geht! Viel Spass – und vergessen Sie nicht, Ihre «Erleuchtungen» schriftlich festzuhalten.

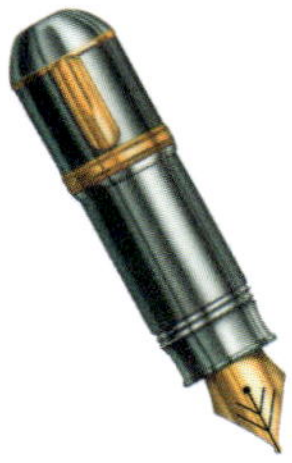

Meine Erkenntnisse

Zwei Möglichkeiten bringen Sie nun weiter.

Sie fühlen sich motiviert und wollen weiterarbeiten. Setzen Sie Ihre Entdeckungsreise im weiteren Teil des Buches fort.

Sie benutzen die Bedenkpause, um das Bisherige mit einer Vertrauensperson zu besprechen.

Mögliche Gesprächspartner/innen:
- Vorgesetzte/r
- Personalchef/in
- Lebenspartner/in
- Berufs- und Laufbahnberater/in
- Personalberater/in
- Kollegen, Freundinnen
- Weitere: ....

Meine Gesprächspartner/innen in dieser Bedenkpause sind:

Name	Funktion	Tel. Nr.

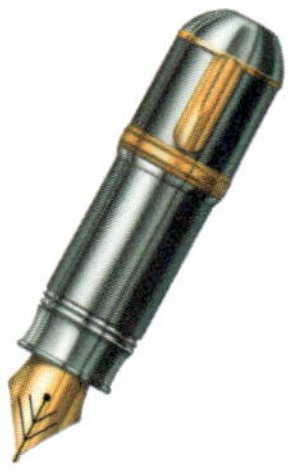

Die Berufswelt mit über 1500 Berufen

Die moderne Arbeits- und Berufswelt kennt heute über 10'000 Berufsbezeichnungen. Die meisten Menschen meinen aber, dass sie nur gerade für diese eine Tätigkeit, die sie im Moment ausüben geschaffen worden sind. Das ist ein totaler Irrtum! Jeder Mensch ist für viele Berufe geeignet, aber nur die wenigsten trauen sich, in ungewohnte Tätigkeitsgebiete vorzuwagen. So bleibt für die meisten Menschen der Wunschberuf, der «Wunderjob», ein lebenslanger Traum, der nie in Erfüllung gehen kann. Das muss aber nicht so sein! Mit dem S&B Concept® führen wir Sie zu mehreren Lösungen und alternativen Berufs- und Arbeitsmöglichkeiten. Wir haben hier auf den nächsten Seiten für Sie die Berufswelt mit über 1500 Berufen in 15 Berufsfeldern dargestellt. Der Einfachheit halber, haben wir die einzelnen Berufe jeweils einem Berufsfeld zugeteilt, obwohl sie in mehreren Berufsfeldern vorkommen können.

Gehen Sie wie folgt vor:

1. **Schauen Sie sich die Übersicht mit den Symbolen der 15 Berufsfelder an und markieren Sie die Felder, die Sie spontan ansprechen und Ihre Neugier wecken.**

2. **Auf den folgenden Seiten finden Sie die einzelnen Berufsfelder mit den dazugehörenden Berufen. Gehen Sie jetzt zu den Berufsfeldern, die Sie in der Übersicht markiert haben. Nehmen Sie einen Leuchtstift und markieren Sie spontan die Berufe/Tätigkeiten, die Sie ansprechen. Achten Sie dabei nicht auf die Ausbildungsart und lassen Sie sich nicht durch Ihre Vorbildung, finanziellen Mittel, Alter usw. beeinflussen. Stellen Sie sich vor, dass im Moment noch alles möglich ist.**

3. **Schauen Sie sich dann eventuell noch andere Berufsfelder an. Manchmal findet man auch interessante Tätigkeiten in Bereichen, die man bis dahin ausgeschlossen hatte.**

4. **Gehen Sie dann zu Seite 86 und erstellen Sie eine «Hitparade» der Berufe, die Sie ausgewählt haben.**

**Gehen Sie das Ganze spielerisch und intuitiv an.
Denken Sie daran, dass in dieser Phase vor allem Ihre Wünsche, Träume und Visionen wichtig sind.**

Markieren Sie die Berufsfelder, die Sie spontan ansprechen.

Natur, Umwelt, Ökologie

Gastgewerbe, Hauswirtschaft, Lebensmitteltechnologie

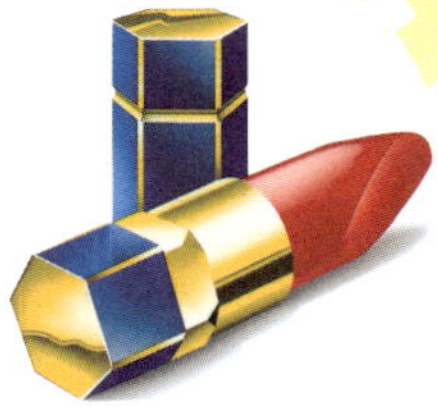

Mode, Körperpflege, Wellness

Gestaltung, Visuelle Kommunikation

Bauwesen, Haustechnik, Innenausbau

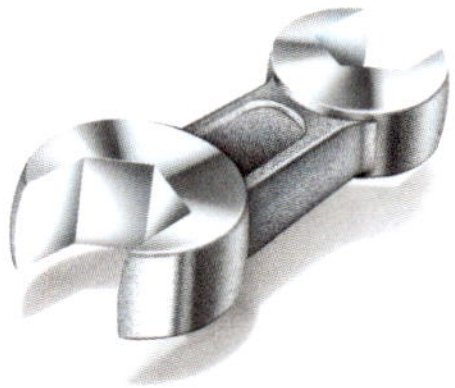

Metallbearbeitung, Fahrzeugtechnik

Handel, Wirtschaft, Verwaltung

Tourismus, Verkehr, Sicherheit

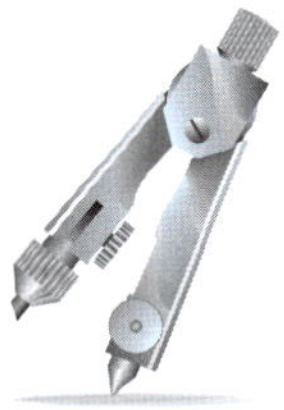

Planung, Projektierung, Ingenieurwesen

Elektronik, Informatik, Telekommunikation

Naturwissenschaft

Kunst, Musik, Theater, Film

Sprache, Publizistik, Medien

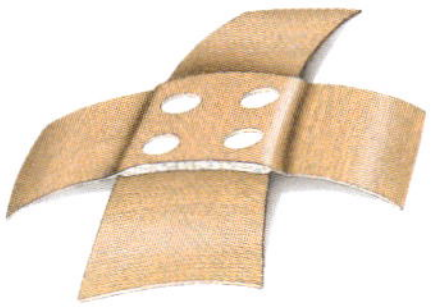

Gesundheit, Medizin, Therapie

Pädagogik, Psychologie, Gesellschaft

Nun wünschen wir Ihnen eine entdeckungsreiche «Berufsfahrt».

1

Natur, Umwelt, Ökologie

Landwirtschaft, Forstwirtschaft, Bergbau, Tierzucht, Gartenbau, Ökologie, Umwelt, Steinbearbeitung

Tätigkeitsbereiche

Diese Berufstätigen befassen sich mit Tierzucht und Pflanzenbau, mit Land- und Forstwirtschaft, mit Steinbearbeitung, mit öffentlichen Grünanlagen und Siedlungsplanung, mit Landschaftspflege, mit Umwelt-, Natur- und Heimatschutz, mit Orts- und Regionalplanung.

Arbeitsorte

Wir finden diese Berufstätigen im Stall und draussen auf dem Feld, im Wald, im Gewächshaus oder in den Obst- und Gemüsekulturen, im Weinberg, im Steinbruch, im Labor von Versuchsanstalten oder am Zeichnungstisch von Planungsbüros.

Arbeitsinstrumente

Sie arbeiten mit Striegel und Melkmaschinen, mit Traktor, Heuwender und Mähdrescher, mit Hacke, Schaufel oder Spaten, mit Schere oder Setzholz, mit Eintopf- und Erdaufbereitungsmaschinen, mit Motorsägen oder Seilwinden, mit Hammer und Meissel, Laborapparaturen und Analysegeräten.

Wer eignet sich für dieses Berufsfeld?

Robuste und wetterfeste Menschen, die zupacken und hart arbeiten können, die Freude an einer naturverbundenen Tätigkeit haben. Menschen, die gerne mit Tieren, Pflanzen und Naturprodukten zu tun haben oder die sich gestaltend und forschend für eine optimale, ökologisch sinnvolle Natur- und Umweltentwicklung engagieren.

Markieren Sie die Berufe, die Sie spontan ansprechen und Sie neugierig machen.

Lehrberufe, anerkannte Ausbildungen

Bereiter/in
Biolandwirt/in
Biologielaborant/in
Biologisch-dynamische/r Landwirt/in
Florist/in
Forstwart/in
Gärtner/in
Geflügelzüchter/in
Gemüsegärtner/in
Hundecoiffeur/-coiffeuse
Landmaschinenmechaniker/in
Landwirt/in
Obstbauer/-bäuerin
Pferdepfleger/in
Rennreiter/in
Schmied/in, Schmied-Hufschmied/in
Steinhauer/in
Steinmetz/in
Steinwerker/in
Tiermed. Praxisassistent/in
Tierpfleger/in
Winzer/in

Eigene Vorschläge:

____

____

Berufsmaturität
Kann während oder nach der Lehre absolviert werden. Berechtigt zum prüfungsfreien Eintritt in die Fachhochschulen.

1

Natur, Umwelt, Ökologie

Landwirtschaft, Forstwirtschaft, Bergbau, Tierzucht, Gartenbau, Ökologie, Umwelt, Steinbearbeitung

Markieren Sie die Berufe, die Sie spontan ansprechen und Sie neugierig machen.

Sekundärberufe, Berufsprüfungen (BP)

Bauer/Bäuerin BP
Bäuerin BP
Baumpflegespezialist/in BP
Bereiter/in erster Klasse
Bergführer/in BP
Berufsfischer/in BP
Besamungstechniker/in
Fachmann/-frau für naturnahen Garten- und Landschaftsbau
Fachmann/-frau im betriebl. Umweltmanagement (DIKIO)
Fischereiaufseher/in BP
Florist/in BP
Forstmaschinenführer/in
Forstwart-Vorarbeiter/in BP
Hirt/in
Hundeausbildner/in
Imker/in
Klärwerkmeister/in VSA
Natur- und Umweltfachmann/-frau BP
Naturwissenschaftliche/r Präparator/in:
- *Zoologie*
Obergärtner/in BP
Obst-Baumwärter/in
Reitlehrer/in
Senn/erin
Tiertrainer/in
Umweltberater/in WWF
Umweltschutzbeauftragte/r NKS
Wildhüter/in

Eigene Vorschläge:

____

____

Berufsmaturität
Kann während oder nach der Lehre absolviert werden. Berechtigt zum prüfungsfreien Eintritt in die Fachhochschulen.

Höhere Fachausbildung, Höhere Fachprüfungen (HFP)/Meisterprüfungen

Bäuerl.-hauswirt. Berater/in
dipl. Bäuerin HFP
Biolandexperte/-expertin
dipl. Florist/in HFP
Förster/in HHF
Gärtnermeister/in HFP
Geflügelzüchter/in
Gemüsegärtner/in
Ingenieur/in FH:
- *Biotechnologie*
- *Holzbau/Holzbetrieb*
- *Hortikultur*
Ingenieur-Agronom/in FH
Ingenieur-Önologe/-login FH
Landmaschinenmechanikermeister/in
Landschaftsarchitekt/in FH
Lebensmittelingenieur/in FH Milchwirtschaft
Meister-Landwirt/in
dipl. Obstbauer/-bäuerin HFP
Raumplaner/in FH
dipl. Reitlehrer/in HFP
Schmied-Hufschmiedmeister/in HFP
Steinmetzmeister/in
Techniker/in TS:
- *Agrarwirtschaft*
- *Garten- und Landschaftsbau*
- *Holzindustrie*
Winzer/in

Eigene Vorschläge:

____

____

Akademische Berufe

Archäologe/-login
Astronom/in
Biochemiker/in
Biologe/Biologin
Forstingenieur/in
Geograf/in
Geologe/Geologin
Ingenieur-Agronom/in
Kulturingenieur/in
Meteorologe/-login
Tierarzt/-ärztin
Umweltingenieur/in
Vermessungsingenieur/in
Zoologe/-login

Eigene Vorschläge:

____

____

Nachdiplomstudien
Ein Nachdiplomstudium steht Personen offen, die über ein Diplom einer Hochschule, einer Fachhochschule oder einer Höheren Fachschule verfügen. Es empfiehlt sich, mit den Anbietern von Nachdiplomstudiengängen Kontakt aufzunehmen und die genauen Zulassungsbedingungen im Einzelfall abzuklären.

2

Gastgewerbe, Hauswirtschaft, Lebensmitteltechnologie

Gastgewerbe, Hotellerie, Hauswirtschaft, Nahrungs- und Genussmittelproduktion

Tätigkeitsbereiche

Die Berufstätigen im Lebensmittelsektor befassen sich mit Nahrungs- und Genussmitteln wie Backwaren, Schokolade, Konserven- und Tiefkühlprodukten, Joghurt, Bouillon oder Frühstücksgetränken. Im Gastgewerbe bereiten sie leckere Speisen zu und sorgen für einen gepflegten Service. In Hauswirtschaft und Hotellerie sind sie dafür verantwortlich, dass in gepflegten Räumen gegessen, gewohnt und geschlafen werden kann.

Arbeitsorte

Wir finden diese Berufsleute bei Nahrungs- und Genussmittelherstellern, in Käsereien und Molkereien, in der Backstube, in der Metzgerei, in Hotels, Restaurants und Kantinen, in der Küche, im Office, im Speisesaal, im Etagendienst und in Privat- und Kollektivhaushalten.

Arbeitsinstrumente

Sie steuern und kontrollieren vollautomatische Maschinen, die Nahrungs- und Genussmittel herstellen und abpacken. Sie arbeiten mit Rührwerk und Backofen, handhaben Rüstmesser, Kasserollen und Grill. Sie kennen sich in Speise- und Weinkarten aus oder bedienen die Registrierkasse. In der Hauswirtschaft ist der Umgang mit Haushaltmaschinen, Bügeleisen, Waschmaschine und Tumbler gefragt.

Wer eignet sich für dieses Berufsfeld?

Wer gerne mit der Verarbeitung von Nahrungsmitteln zu tun hat. Wer Freude am Backen und Kochen, wer überhaupt ein Auge für schöne Präsentation hat. Wer gerne Kontakt mit den verschiedensten Menschen hat, wer Gästen einen Aufenthalt so schön wie möglich machen möchte. Wer ein gesteigertes Dienstleistungsbewusstsein mitbringt und wem es keine Mühe bereitet, vor allem auch dann zu arbeiten, wenn andere Leute frei haben, und – last but not least – wer sichtbare Arbeits- und Erfolgserlebnisse schätzt.

Markieren Sie die Berufe, die Sie spontan ansprechen und Sie neugierig machen.

Lehrberufe, anerkannte Ausbildungen

- Bäcker-Konditor/in
- Brauer/in
- Diätkoch/-köchin (Zusatzlehre)
- Gästeempfangsassistent/in in Hotellerie und Gastronomie (Kanton Wallis)
- Gastronomiefachassistent/in
- Getränketechnologe/-login
- Hauspfleger/in
- Hauswirtschafter/in
- Hotelfachassistent/in
- Hotel- und Gastrofachmann/-frau (GFG Chur)
- Hotelsekretär/in
- Käser/in
- Koch/Köchin
- Konditor-Confiseur/in
- Konserven- und Tiefkühltechnologe/-login
- Lebensmitteltechnologe/-login
- Metzger/in
- Milchtechnologe/-login
- Müller/in
- Servicefachangestellte/r
- Weintechnologe/-login

Eigene Vorschläge:

____

____

Berufsmaturität
Kann während oder nach der Lehre absolviert werden. Berechtigt zum prüfungsfreien Eintritt in die Fachhochschulen.

2

Gastgewerbe, Hauswirtschaft, Lebensmitteltechnologie

Gastgewerbe, Hotellerie, Hauswirtschaft, Nahrungs- und Genussmittelproduktion

Sekundärberufe, Berufsprüfungen (BP)

Bahnsteward/ess
Barman/-maid
Bäuerin BP
Butler/in
Flight Attendant BP
Futtermitteltechniker/in
Gastronomiekoch/-köchin BP
Haushaltartikelspezialist/in BP
Haushaltleiter/in BP
Hauswirtschaftl. Betriebsleiter/in BP
Hauswirtschaftsleiter/in BP
Hotelempfangs- und -administrationsleiter/in BP
Käsereifachmann/-frau BP
Koch/Köchin der Spital-, Heim- und Gemeinschaftsgastronomie BP
Konditor-Confiseur/in BP
Metzger/in BP
Molkereifachmann/-frau BP
Müllereitechniker/in
Restaurationsleiter/in BP
Schiffsteward/ess
Schlaf- und Liegewagensteward/ess
Weinbutler/in
Weinhändler/in
Wirt/in-Gastrounternehmer/in

Eigene Vorschläge:

____

____

Markieren Sie die Berufe, die Sie spontan ansprechen und Sie neugierig machen.

Berufsmaturität
Kann während oder nach der Lehre absolviert werden. Berechtigt zum prüfungsfreien Eintritt in die Fachhochschulen.

Höhere Fachausbildung, Höhere Fachprüfungen (HFP)/Meisterprüfungen

Aromatiker/in
dipl. Bäcker-Konditor/in HFP
Bäuerlich-hauswirtschaftl. Berater/in
dipl. Bäuerin HFP

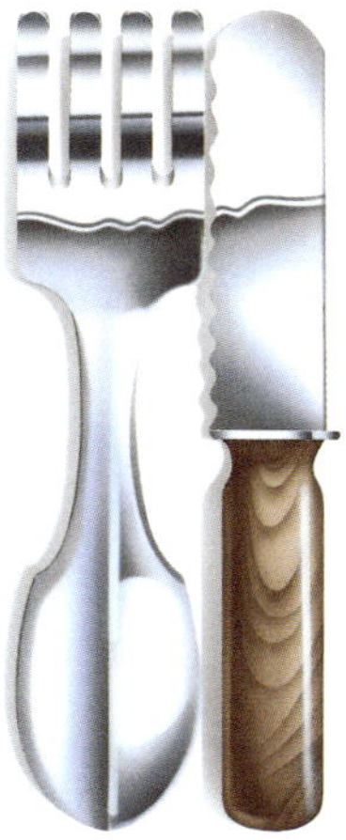

dipl. Betriebsleiter/in der Gemeinschaftsgastronomie HFP
Hausw. Betriebsleiter/in HHF
Hauswirtschaftslehrer/in
dipl. Hauswirtschaftsleiter/in HFP
Höhere Studien in Hotellerie und Restauration (Lausanne)
Hotelier-Restaurateur/in HF
Ingenieur/in FH:
- *Biotechnologie*
- *Lebensmitteltechnologie*
- *Hortikultur*

Ingenieur-Önologe/login FH
Käsereimeister/in
Kaufmann/-frau Bäckerei, Konditorei, Confiserie HFP
dipl. Konditor-Confiseur/in HFP
dipl. Küchenchef/in/Produktionsleiter/in HFP
Lebensmittelingenieur/in FH Milchwirtschaft
Lebensmittelinspektor/in
Lebensmittelkontrolleur/in
dipl. Lebensmitteltechnologe/-login HFP
Metzgermeister/in
Molkereimeister/in
Ökotrophologe/-login FH/ Facility Manager/in
Parfumeur/in
dipl. Restaurateur/Restauratrice HFP
Restaurateur-Hotelier/-ière HF
dipl. Restaurationsleiter/in HFP
Techniker/in TS:
- *Agrarwirtschaft*
- *Lebensmittel*

dipl. Weintechnologe/-login HFP

Eigene Vorschläge:

____

____

Nachdiplomstudien
Ein Nachdiplomstudium steht Personen offen, die über ein Diplom einer Hochschule, einer Fachhochschule oder einer Höheren Fachschule verfügen. Es empfiehlt sich, mit den Anbietern von Nachdiplomstudiengängen Kontakt aufzunehmen und die genauen Zulassungsbedingungen im Einzelfall abzuklären.

Akademische Berufe

Biochemiker/in
Chemiker/in
Ernährungswissenschafter/in
Lebensmittelchemiker/in
Lebensmittel-Ingenieur/in

Eigene Vorschläge:

____

____

3

Mode, Körperpflege, Wellness

Mode, Bekleidung, Textilindustrie, Leder, Kosmetik, Körperpflege, Wellness

Tätigkeitsbereiche

Die Berufstätigen im Bekleidungssektor befassen sich mit dem Entwerfen und Herstellen von Textilien, deren Verarbeitung zu Kleidungsstücken und Wohnungsinnendekorationen sowie deren Pflege. Sie bedienen, kontrollieren und warten die Textilmaschinen. Sie fertigen Textilien zu Kleidern, Hüten oder Vorhängen und verstehen diese zu reinigen und zu pflegen. Sie bearbeiten und verarbeiten Leder und Pelze zu Kleidern, Schuhen, Polstermöbeln oder zu Autositzen. Im Sektor Schönheitspflege schneiden sie Haare, behandeln unreine Gesichtshaut, helfen bei Fussbeschwerden und verkaufen Hautpflegelinien und Parfüms.

Arbeitsorte

Wir finden diese Berufstätigen in den Fabrikationsstätten und Zeichnungsbüros der Textilindustrie, in Nähateliers, in der Schuhmacherwerkstatt, im Fachgeschäft für Mode und Bekleidung, aber auch im Kosmetiksalon und in der chemischen Reinigung.

Arbeitsinstrumente

Sie arbeiten mit Tusche auf dem Zeichnungsbrett, schneiden Stoff und Leder zu, gebrauchen Nähmaschine, Nadel und Faden, Hammer, Nägel, Schere und Kamm, Nagelfeile und Bimsstein wie auch grosse Waschmaschinen.

Wer eignet sich für dieses Berufsfeld?

Wer gerne mit Textilien umgeht, wer Freude hat am Entwerfen, Herstellen und Verkaufen von Mode. Diese Berufstätigen sind an der Herstellung der neusten Mode von Anfang an dabei. Wer gerne vorgegebene Entwürfe in fertige Produkte umwandelt, wer Menschen und deren Umfeld gerne verschönert und ein grosses ästhetisches Empfinden mitbringt, wer sichtbare Arbeits- und Erfolgserlebnisse schätzt.

Lehrberufe, anerkannte Ausbildungen

Carrosseriesattler/in
Coiffeur/Coiffeuse
Damenschneider/in
Drogist/in
Etuismacher/in
Industrieschneider/in
Korbflechter/in
Kosmetiker/in
Kürschner/in
Mass-Schneider/in
Modist/in

Orthopädist/in
Pelznäher/in
Podologe/-login
Pharma-Assistent/in
Portefeuiller/in
Sattler/in
Schuhmacher/in
Schuhmodelleur/in
Schuhtechnologe/-login
Seiler/in
Textilassistent/in
Textilentwerfer/in

Textilgestalter/in Handweben
Textillaborant/in
Textilmechaniker/in
Textilpfleger/in
Textilveredler/in
Verkäufer/in, Detailhandelsangestellte/r:
- *Lederwaren/Reiseartikel*
- *Parfümerie*
- *Schuhe*
- *Sportartikel*
- *Textil*

Eigene Vorschläge:

____

____

Berufsmaturität
Kann während oder nach der Lehre absolviert werden. Berechtigt zum prüfungsfreien Eintritt an die Fachhochschulen.

3

Mode, Körperpflege, Wellness

Mode, Bekleidung, Textilindustrie, Leder, Kosmetik, Körperpflege, Wellness

Markieren Sie die Berufe, die Sie spontan ansprechen und Sie neugierig machen.

Sekundärberufe, Berufsprüfungen (BP)

Branchenspezialist/in Textil BP
Coiffeur/Coiffeuse BP
Damenschneider/in BP
Farb- und Modestilberater/in BP
Fotomodell
Mannequin/Dressman
Maskenbildner/in
Schnitttechniker/in STF
Textilkaufmann/-frau STF
Theaterschneider/in
Visagist/in
Wellness-Trainer/in
Wohntextilgestalter/in BP

Eigene Vorschläge:

____

____

Berufsmaturität
Kann während oder nach der Lehre absolviert werden. Berechtigt zum prüfungsfreien Eintritt in die Fachhochschulen.

Höhere Fachausbildung, Höhere Fachprüfungen (HFP)/Meisterprüfungen

Carrosseriesattlermeister/in
dipl. Coiffeur/Coiffeuse HFP
dipl. Damenschneider/in HFP
Fashion-Designer/in STF
Gestalter/in FH:
- *Modedesign*
- *Textildesign*

Gewandmeister/in (Theater)
dipl. Innendekorateur/in HFP
dipl. Innendekorationsnäher/in HFP
dipl. Kosmetiker/in HFP
Lehrer/in Textilarbeit/Werken

dipl. Modist/in HFP
dipl. Orthpädie-Schuhmacher/in HFP
Polstermeister/in
Parfumeur/in
dipl. Sattler/in HFP
dipl. Schneidermeister/in HFP
Schnitttechniker/in STF

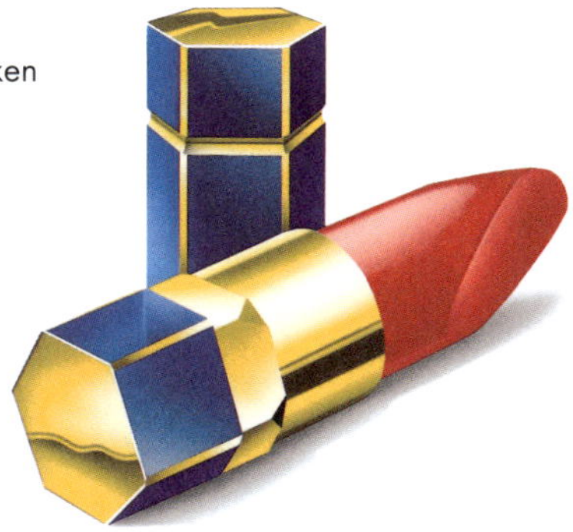

Schuhmachermeister/in HFP
Techniker/in TS Textil:
- *Bekleidung*
- *Spinnerei/Zwirnerei*
- *Textillogistik*
- *Textiltechnik*
- *Textilveredlung*
- *Weberei*
- *Wirkerei/Strickerei*
- *Textil*

Textildesigner/in STF
Textilmeister/in

Eigene Vorschläge:

____

____

Akademische Berufe

Betriebs- und Produktionsingenieur/in
Chemiker/in

Eigene Vorschläge:

____

____

Nachdiplomstudien
Ein Nachdiplomstudium steht Personen offen, die über ein Diplom einer Hochschule, einer Fachhochschule oder einer Höheren Fachschule verfügen. Es empfiehlt sich, mit den Anbietern von Nachdiplomstudiengängen Kontakt aufzunehmen und die genauen Zulassungsbedingungen im Einzelfall abzuklären.

4

Gestaltung, Visuelle Kommunikation

Kunsthandwerk, Grafisches Gewerbe, Visuelle Kommunikation

Tätigkeitsbereiche

Diese Berufstätigen befassen sich mit der Gestaltung und Herstellung von Plakaten, Zeitungen, Skulpturen, Schmuck oder Websites. Sie stellen aber auch Innendekorationsgegenstände her, fertigen Broschüren, dekorieren Schaufenster oder produzieren Präsentationsshows.

Arbeitsorte

Wir finden diese Berufstätigen im grafischen Atelier, in der Druckerei, im Schmuckgeschäft, in der Künstlerwerkstatt, im Innendekorationsatelier, im Radio- und Fernsehstudio oder an der Kunstgewerbeschule.

Arbeitsinstrumente

Sie arbeiten mit Fotokamera, Schere, Papier, Nadel und Faden, Pinsel und Farbe, Sperrholzplatten, Karton, Druckmaschinen, Computern, Fotoentwickler, Goldplatt, Hammer, Lötkolben, Feile und Zange oder mit der Töpferscheibe.

Wer eignet sich für dieses Berufsfeld?

Menschen in diesen Berufen arbeiten gerne kreativ und gestaltend, haben hohe ästhetische Ansprüche. Sie planen und gestalten Produkte oder stellen sie in Handarbeit selber her. Sie können auch an der Verarbeitung und am Bedrucken von Papier und Karton beteiligt sein. Sie freuen sich an sichtbaren Arbeits- und Erfolgserlebnissen. Sie erstellen Konzepte für Werbekampagnen oder gestalten Multimedia- und Internetauftritte.

Markieren Sie die Berufe, die Sie spontan ansprechen und Sie neugierig machen.

Lehrberufe, anerkannte Ausbildungen

Blasinstrumentenreparateur/in
Blechblasinstrumentenbauer/in
Buchbinder/in
Dekorationsgestalter/in
Designer/in
Drechsler/in
Druckausrüster/in
Drucktechnologe/-technologin
Flexodrucker/in
Fotofinisher/in
Fotofach-Angestellte/r
Fotograf/in
Fotolaborant/in
Geigenbauer/in
Glasmaler/in
Goldschmied/in
Grafiker/in

Grafik-Designer/in
Graveur/in
Holzbildhauer/in
Innenausbauzeichner/in
Innendekorateur/in
Juwelenfasser/in
Kartograph/in
Keramiker/in
Keramikmaler/in
Keramikmodelleur/in
Klavierbauer/in
Korbflechter/in
Kuvertmaschinenführer/in
Offsetmonteur/in
Orgelbauer/in
Papiertechnologe/-technologin
Polisseur/Polisseuse
Polygraf/in
Reprograf/in

Schrift- und Reklamegestalter/in
Siebdrucker/in
Silberschmied/in
Steinbildhauer/in
Steinmetz/in
Textilentwerfer/in
Textilgestalter/in Handweben
Theatermaler/in
Tiefdruckgraveur/in
Töpfer/in
Vergolder/in
Verpackungstechnologe/-login
Zinnpfeifenmacher/in

Eigene Vorschläge:

____

____

Schulen
Schule für Gestaltung:
- *Vorkurs*
- *Fachklassen*

Liceo artistico (Kunstgymnasium in Zürich)

Berufsmaturität
Kann während oder nach der Lehre absolviert werden. Berechtigt zum prüfungsfreien Eintritt in die Fachhochschulen.

4

Gestaltung, Visuelle Kommunikation

Kunsthandwerk, Grafisches Gewerbe, Visuelle Kommunikation

Markieren Sie die Berufe, die Sie spontan ansprechen und Sie neugierig machen.

Sekundärberufe, Berufsprüfungen (BP)

Antiquitäten- und Kunsthändler/in
Betriebsfachmann/-frau Druckweiterverarbeitung BP
Bildende/r Künstler/in
Druckkaufmann/-frau BP
Electronic-Publisher/in
Experte/Expertin SGG für Edelsteine
Farbdesigner/in BP
Gemmologe/-login (Edelsteinprüfer/in)
Juwelenfasser/in

Multimedia-Autor/in
Multimedia-Designer/in
Multimedia-Gestalter/in
Multimedia-Koordinator/in
Multimedia-Produzent/in
Screen Communicator BP
Techno-Polygraf/in BP
Typografische/r Gestalter/in BP
Verpackungsfachmann/-frau KSV
Wissenschaftliche/r Illustrator/in

Eigene Vorschläge:

____

____

Berufsmaturität
Kann während oder nach der Lehre absolviert werden. Berechtigt zum prüfungsfreien Eintritt in die Fachhochschulen.

Höhere Fachausbildung, Höhere Fachprüfungen (HFP)/Meisterprüfungen

Buchbindermeister/in
dipl. Buchrestaurator/in HFP
Drechslermeister/in
dipl. Fachmann/-frau der Druckindustrie HFP
Film- und Videogestalter/in FH
Fotograf/in
Geigenbaumeister/in
Gestalter/in FH:
- *Visuelle Kommunikation*
- *Modedesign*
- *Textildesign*
- *Produkt- und Industriedesign*
- *Innenarchitektur*
- *Konservierung und Restaurierung*

Ingenieur/in FH COMEM
Keramiker/in FH
Kunstexperte/-expertin
Kunstpädagoge/-pädagogin
Lehrer/in für bildnerisches Gestalten
Meister/in der Druckindustrie
Museumsfachmann/-frau
Museumspädagoge/-pädagogin
dipl. Restaurateur/Restauratrice HFP
Schmuck- und Gerätegestalter/in FH
Siebdruckermeister/in
Steinbildhauermeister/in

Steinmetzmeister/in
Techniker/in TS:
- *Farbgestaltung*
- *Druckindustrie*
- *Polygrafische Industrie*

Eigene Vorschläge:

____

____

Akademische Berufe

Architekt/in
Denkmalpfleger/in
Konservator/in
Kunsthändler/in
Kunsthistoriker/in
Redaktor/in Kunst/Kultur
Wissenschaftl. Mitarbeiter/in in Museen

Eigene Vorschläge:

____

____

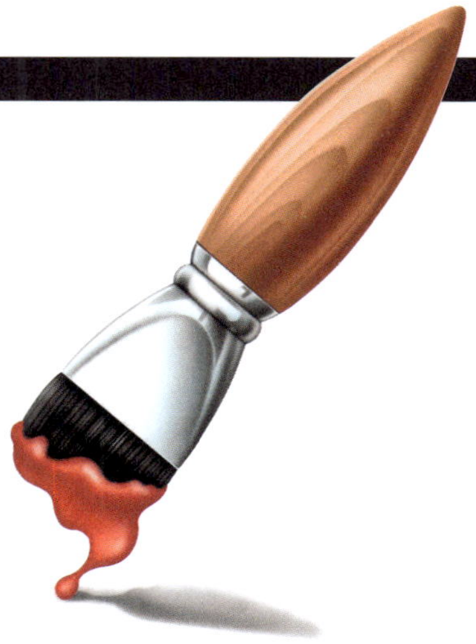

5

Bauwesen, Haustechnik, Innenausbau

Hoch- und Tiefbau, Haustechnik, Installationen, Gebäudeunterhalt, Innenausbau, Inneneinrichtung

Tätigkeitsbereiche

Diese Berufstätigen befassen sich mit der Verarbeitung von Stein, Mauerwerk, Holz, Glas und Farbe. Sie sind mit der Installa-tion von elektrischen Anlagen, Sanitär- und Lüftungsanlagen sowie diversen anderen bauhandwerklichen Einrichtungen beschäftigt. Ingenieurinnen und Techniker planen die Arbeiten, projektieren und berechnen die anfallenden Kosten, beaufsichtigen und leiten die handwerkliche Ausführung und schliessen die Arbeit mit einer Abrechnung ab.

Arbeitsorte

Wir finden diese Berufstätigen im Neubau und Umbau, im Strassenbau, in der Schreinerei, im Dekorationsatelier, in der Schlosserei, im Bildhaueratelier oder am Zeichnungstisch von Planungsbüros.

Arbeitsinstrumente

Sie arbeiten mit einer Vielzahl von Werkzeugen wie Hammer, Meissel, Zange, Feile, Zementschaufel, Lot und Zentimeter, Pinsel, Spritzpistole und Schere. Auch benützen sie Hobel- und Fräsmaschinen, Säge, Pressluft-hammer, Strassenwalze, Zementmaschine, Lötkolben und Schweissanlage. Sie setzen Messinstrumente wie Schublehre, Phasenprüfer, Ohm- und Voltmeter ein. Im Planungsbüro sind Computer und Zeichnungsbrett die wichtigsten Arbeitsinstrumente.

Wer eignet sich für dieses Berufsfeld?

Diese Berufstätigen verfügen über ein sehr gutes Handgeschick, haben Sinn für praktisch-technische Probleme. Da oft draussen gearbeitet wird, sollten sie wetterfest und robust sein. Es bereitet ihnen Freude, Hand in Hand mit den anderen Berufsleuten zusammen zu arbeiten. Wer in der Planung tätig ist, sollte kaufmännisches und organisatorisches Talent haben.

Markieren Sie die Berufe, die Sie spontan ansprechen und Sie neugierig machen.

Lehrberufe, anerkannte Ausbildungen

Bauisoleur/in
Baumaschinenführer/in
Baupraktiker/in
Bodenleger/in
Dachdecker/in
Drechsler/in
Gebäudereiniger/in
Gipser/in
Glaser/in
Gleisbauer/in
Grundbauer/in
Hafner/in
Heizungsmonteur/in
Industrie- und Unterlags-bodenleger/in
Innendekorateur/in
Innendekorationsnäher/in
Isolierspengler/in
Kachel- und Baukeramik-former/in
Kältemonteur/in
Kaminfeger/in
Küfer/in
Lüftungsanlagenbauer/in
Maler/in
Maurer/in
Metallbauer/in
Montage-Elektriker/in
Netzelektriker/in
Parkettleger/in
Pflästerer/in
Plattenleger/in
Polsterer/Polsterin
Säger/in
Sanitärmonteur/in
Schreiner/in
Skibauer/in
Spengler-Sanitärinstallateur/in
Spengler/in
Steinhauer/in
Steinwerker/in
Storenmonteur/in
Strassenbauer/in
Verkehrswegbauer/in (Berufsfeld)
Wagner/in
Zementer/in
Zimmermann/Zimmerin

Eigene Vorschläge:

____

____

Berufsmaturität
Kann während oder nach der Lehre absolviert werden. Berechtigt zum prüfungsfreien Eintritt in die Fachhochschulen.

5

Bauwesen, Haustechnik, Innenausbau

Hoch- und Tiefbau, Haustechnik, Installationen, Gebäudeunterhalt, Innenausbau, Inneneinrichtung

Markieren Sie die Berufe, die Sie spontan ansprechen und Sie neugierig machen.

Sekundärberufe, Berufsprüfungen (BP)

Aufzugsmonteur/in
Baubiologe/-biologin, Bauökologe/-login BP
Baupolier/in BP
Baustoffprüfer/in BP
Berufstaucher/in
Betontrennfachmann/-frau BP
Brunnenmeister/in
Chefbodenleger/in BP
Chefmonteur/in im Gerüstbau BP
Dachdeckerpolier/in BP
Deckenmonteur/in BP
Elektro-Telematiker/in BP
Feuerungsfachmann/-frau BP
Feuerungskontrolleur/in BP
Gebäudereinigungs-Fachmann/-frau BP
Grundbaupolier/in BP
Hauswart/in BP
Heizöl-Tankrevisor/in BP
Heizwerkführer/in BP
Holzbeizer/in BP
Innendekorateur/in BP
Instandhaltungsfachmann/-frau BP
Klärwerkmeister/in VSA
Kranführer/in
Maler-Vorarbeiter/in SMGV
Metallbauplaner/in BP
Metallbau-Werkstattleiter/in BP
Montagechef/in SSIV:
- *Heizung*
- *Sanitär*

Netzelektriker/in BP
Polstertechniker/in SEM
Rohrnetzmonteur/in BP
Sakristan/in
Schreiner-Projektplaner/in VSSM
Schreiner-Werkmeister/in BP
Sicherheitsbeauftragte/r in Spital und Heim BP
Sigrist/in
Spengler-Polier/in BP
Sprengfachmann/-frau BP
Strassenbaupolier/in BP
Techn. Werkzeugspezialist/in BP
Zimmerei-Vorarbeiter/in
Zimmerpolier/in BP

Eigene Vorschläge:

____

____

Berufsmaturität
Kann während oder nach der Lehre absolviert werden. Berechtigt zum prüfungsfreien Eintritt in die Fachhochschulen.

Höhere Fachausbildung, Höhere Fachprüfungen (HFP)/Meisterprüfungen

Baubiologe/-biologin, Bauökologe/-login HFP
dipl. Bauleiter/in Hochbau HFP
dipl. Bauleiter/in Tiefbau HFP
dipl. Baumeister/in HFP
Bodenlegermeister/in
Dachdeckermeister/in
Drechslermeister/in
dipl. Elektroinstallateur/in HFP
dipl. Energieberater/in HFP
dipl. Fachmann/-frau für Wärme- und Feurungstechnik HFP
dipl. Gebäudereiniger/in HFP
Gipsermeister/in
dipl. Glasbauexperte/-expertin HFP
Hafnermeister/in
dipl. Haustechnikinstallateur/in Heizung HFP
dipl. Haustechnikinstallateur/in Sanitär HFP
Ingenieur/in FH:
- *Heizung/Lüftung/Klima*
- *Holzbau/Holzbetrieb*
- *Vermessung*

Innenarchitekt/in FH
dipl. Innendekorateur/in HFP
dipl. Innendekortionsnäher/in HFP
dipl. Isoleur/in HFP
Kaminfegermeister/in
dipl. Leiter/in des techn. Kundendienstes/Montage/Service HFP
Malermeister/in
Maurermeister/in
Metallbaumeister/in, Metallbauplanermeister/in
Netzelektrikermeister/in
Pflästerermeister/in
Plattenlegermeister/in
Polstermeister/in
Schreinermeister/in
Spenglermeister/in
Techniker/in TS:
- *Bauführer/in*
- *Energietechnik*
- *Farbgestaltung*
- *Haustechnik*
- *Heizungstechnik*
- *Hochbau*
- *Holzbau*
- *Holzindustrie*
- *Holztechnik*
- *Kältetechnik*
- *Klimatechnik*
- *Metallbau*
- *Sanitärtechnik*
- *Tiefbau*

Zimmermeister/in

Eigene Vorschläge:

____

____

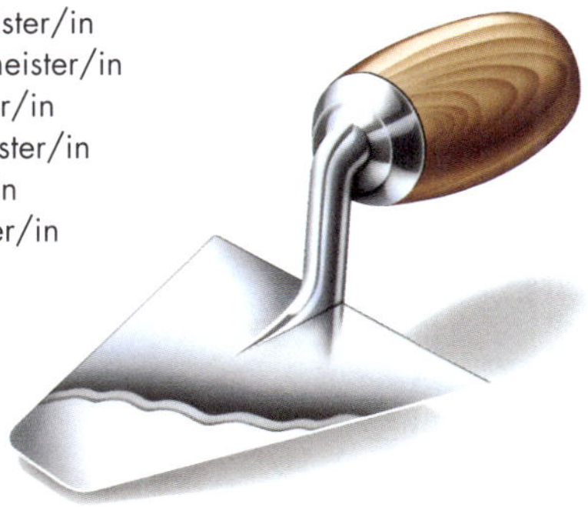

Nachdiplomstudien
Ein Nachdiplomstudium steht Personen offen, die über ein Diplom einer Hochschule, einer Fachhochschule oder einer Höheren Fachschule verfügen. Es empfiehlt sich, mit den Anbietern von Nachdiplomstudiengängen Kontakt aufzunehmen und die genauen Zulassungsbedingungen im Einzelfall abzuklären.

Akademische Berufe

Architekt/in
Bauingenieur/in
Kulturingenieur/in
Raumplaner/in
Verkehrsingenieur/in
Vermessungsingenieur/in

Eigene Vorschläge:

____

____

6

Metallbearbeitung, Fahrzeugtechnik

Maschinen, Apparate, Automobiltechnik, Elektrotechnik, Energietechnik, Kunststofftechnik

Tätigkeitsbereiche

Diese Berufstätigen befassen sich mit der Konstruktion, Herstellung und Montage von technischen Anlagen und Apparaturen. Man findet sie aber auch im Wartungsdienst, da die Maschinen oder Fahrzeuge auch periodisch kontrolliert und unterhalten werden müssen. Das Beheben von kleineren Defekten, grösseren Schäden oder Störungen gehört zum Reparaturdienst. Ingenieure, Technikerinnen und Konstrukteure beschäftigen sich mit konstruktiven Verbesserungen oder Neuentwicklungen oder sorgen für eine wirtschaftliche Produktionsweise.

Arbeitsorte

Wir finden diese Berufstätigen in der Maschinen-, Apparate- oder Elektroindustrie, in mechanischen Werkstätten oder Autogaragen, in Giessereien und Druckereien, Uhrenfabriken, in Konstruktionsbüros oder Entwicklungsabteilungen.

Arbeitsinstrumente

Sie arbeiten an Drehbänken, Bohr-, Hobel- und Fräsmaschinen, vielfach an computergesteuerten Werkzeugmaschinen, verwenden eine Vielzahl von Werkzeugen wie Hammer, Feile, Meissel, Schraubenzieher, Gewindebohrer, Lötkolben oder Schweissanlagen. Sie setzen Messinstrumente wie Schublehren, Mikrometer oder Oszillographen ein. Im Konstruktionsbüro sind Computer und Zeichnungsbrett wichtigste Arbeitsinstrumente.

Wer eignet sich für dieses Berufsfeld?

Diese Berufstätigen lieben präzise Arbeiten, haben einen Sinn für praktisch-technische Probleme, verfügen über ein gutes Handgeschick. Sie haben Freude daran, Werkstücke herzustellen, zu einem Ganzen zusammenzubauen oder Wartungs- und Reparaturarbeiten vorzunehmen. In der Planung ist kaufmännisches und organisatorisches Talent von Vorteil.

Markieren Sie die Berufe, die Sie spontan ansprechen und Sie neugierig machen.

Lehrberufe, anerkannte Ausbildungen

Anlagen- und Apparatebauer/in
Augenoptiker/in
Autolackierer/in
Automatiker/in
Automechaniker/in
Automonteur/in
Baumaschinenmechaniker/in
Bootbauer/in
Büchsenmacher/in
Carrosseriesattler/in
Carrosseriespengler/in
Elektromonteur/in
Elektropraktiker/in
Fahrrad- und Motorfahrradmechaniker/in
Fahrzeug-Elektriker-Elektroniker/in
Fahrzeugschlosser/in
Feinwerkoptiker/in
Feuerverzinker/in
Galvaniker/in
Geräteinformatiker/in
Giessereitechnologe/-login
Gussformer/in
Industrielackierer/in
Industrieschmied/in
Industrieuhrmacher/in
Konstrukteur/in
Kunststofftechnologe/-login
Lagerist/in
Landmaschinenmechaniker/in
Lastwagenführer/in
Messerschmied/in
Metallbauer/in
Metallbaukonstrukteur/in
Metallkundelaborant/in
Mikromechaniker/in
Mikrozeichner/in
Montage-Elektriker/in
Motorgerätemechaniker/in
Motorradmechaniker/in
Mühlenbauer/in
Netzelektriker/in
Physiklaborant/in
Polymechaniker/in
Schmied/in/
Schmied-Hufschmied/in
Techn. Modellbauer/in
Textilassistent/in
Textilmechaniker/in
Uhrgehäusefertiger/in
Uhrmacher-Mikroelektroniker/in
Uhrmacher-Rhabilleur/-euse
Zahntechniker/in

Eigene Vorschläge:

____

____

Berufsmaturität
Kann während oder nach der Lehre absolviert werden. Berechtigt zum prüfungsfreien Eintritt in die Fachhochschulen.

6

Metallbearbeitung, Fahrzeugtechnik

Maschinen, Apparate, Automobiltechnik, Elektrotechnik, Energietechnik, Kunststofftechnik

Sekundärberufe, Berufsprüfungen (BP)

Arbeitsvorbereiter/in AVOR
Autolackierer/in BP
Automatikfachmann/-frau BP
Automobildiagnostiker/in BP
Automobilverkaufsberater/in BP
Baumaschinen-Werkstatt-leiter/in BP
Carrosseriespengler/in BP
Chefmonteur/in BP
CNC- und CAD-Fachkurse (computerunterstützte Steuerung von Maschinen, computerunterstütztes Entwerfen)
Elektro-Kontrolleur/in, Chef-monteur/in BP
Elektroplaner/in BP
Elektro-Telematiker/in BP
Fahrzeugschlosser/in BP
Feuerverzinker/in BP
Galvaniker/in BP
Hauswart/in BP
Instandhaltungsfachmann/-frau BP
Kernkraftwerk-Anlagen-operateur/in BP
Klärwerkmeister/in VSA
Konstrukteur/in
Landmaschinen-Werkstatt-leiter/in BP
Logistiker/in
Luftfahrzeugmechaniker/in BP
Metallbau-Werkstattleiter/in BP
Metallbauplaner/in BP
Monteur/in
Motorgeräte-Werkstatt-leiter/in BP
Prozessfachmann/-frau der Maschinen- und Elektro-industrie BP
Reifenfachmann/-frau BP
Schichtführer/in EW/Gas/Wasser
Schweissfachmann/-frau BP
Spezialist/in Arbeitssicherheit
Techn. Kaufmann/-frau BP
Verkehrsexperte/-expertin

Eigene Vorschläge:

____

____

Markieren Sie die Berufe, die Sie spontan ansprechen und Sie neugierig machen.

Berufsmaturität
Kann während oder nach der Lehre absolviert werden. Berechtigt zum prüfungs-freien Eintritt in die Fachhoch-schulen.

Höhere Fachausbildung, Höhere Fachprüfungen (HFP)/Meisterprüfungen

dipl. Audio-Video Elektroniker/in HFP
dipl. Automechaniker/in HFP
Baumaschinenmechaniker-meister/in
Carrosseriemeister/in
Carrosseriesattlermeister/in
dipl. Elektroinstallateur/in HFP
Elektromechanikermeister/in
dipl. Energieberater/in HFP
Fahrradmechanikermeister/in
Fahrrad- und Motorrad-mechanikermeister/in
dipl. Fahrzeug-Elektriker-Elektroniker/in HFP
dipl. Feuerverzinker/in HFP
dipl. Galvaniker/in HFP
Industriemeister/in im Maschinen- und Apparatebau
Ingenieur/in FH:
- *Automobiltechnik*
- *Elektrotechnik*
- *Maschinenbau*
- *Mechatronik*
- *Mikrotechnik*
- *Prozess-/Anlagetechnik*
- *Systemtechnik*
- *Technische Informatik*
- *Techn. Projektmanagement in Mechatronik*

dipl. Instandhaltungs-leiter/in HFP
Landmaschinenmechaniker-meister/in
Leiter/in techn. Kundendienst/Montage/Service HFP
Mechanikermeister/in HFP
Metallbaumeister/in; Metallbau-planermeister/in
Motorgerätemechaniker-meister/in
Schmiedmeister/in
Techniker/in TS:
- *Betriebstechnik*
- *Elektrotechnik*
- *Energietechnik*
- *Flugzeugtechnik*
- *Maschinentechnik*
- *Mechatronik*
- *Medizintechnik*
- *Metallbau*
- *Informationstechnik*
- *Kernkraftwerktechnik*
- *Konstruktion*
- *Kunststofftechnik*
- *Nachrichtentechnik*
- *Produktionstechnik*
- *Unternehmensprozesse*

Uhrmachermeister/in

Eigene Vorschläge:

____

____

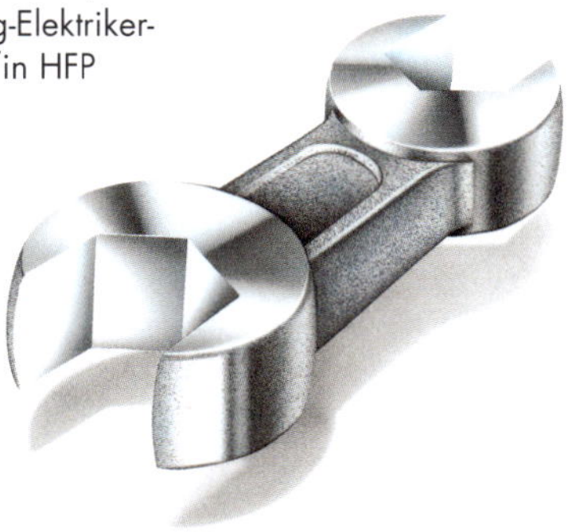

Nachdiplomstudien
Ein Nachdiplomstudium steht Personen offen, die über ein Diplom einer Hoch-schule, einer Fachhochschule oder einer Höheren Fach-schule verfügen. Es empfiehlt sich, mit den Anbietern von Nachdiplomstudiengängen Kontakt aufzunehmen und die genauen Zulassungs-bedingungen im Einzelfall abzuklären.

Akademische Berufe

Betriebs- und Produktions-ingenieur/in
Elektroingenieur/in
Flugzeugingenieur/in
Maschineningenieur/in
Informatikingenieur/in
Physiker/in
Werkstoffingenieur/in
Verfahrensingenieur/in

Eigene Vorschläge:

____

____

7

Handel, Wirtschaft, Verwaltung

Industrie, Gewerbe, Handel, Dienstleistungssektor, Öffentliche Verwaltung, Betriebs- und Volkswirtschaft, diplomatischer/konsularischer Dienst

Tätigkeitsbereiche

Diese Berufstätigen befassen sich mit dem Handel und Verkauf. Mit allem nur Denkbaren wie mit Lebensmitteln, Farben, Kleintieren oder Autozubehör wird gehandelt. Sie kümmern sich um Zollformalitäten, regeln gesetzliche Bestimmungen, schreiben Rechnungen, telefonieren mit Kunden oder befassen sich mit Versicherungspolicen.

Arbeitsorte

Wir finden diese Berufstätigen sowohl im Büro als auch im Einkaufszentrum. Sie können in Zollämtern, Banken, Fotogeschäften, Buchverlagen, Gemeindeverwaltungen, Hotels und Reisebüros tätig sein.

Arbeitsinstrumente

Sie arbeiten mit Fotokopierer, Telefon, Computer oder Diktiergerät. Papier, Bleistift und Schere werden oft gebraucht. Mit Geldsortieranlagen und Kassen haben sie ebenfalls zu tun. Im Hochregal- und Warenlager kommen grosse Kartons, Paletten und Gabelstapler zum Einsatz.

Wer eignet sich für dieses Berufsfeld?

Diese Berufstätigen verfügen über kaufmännisches Talent. Ihre Geschäfte wickeln sie oft am Telefon oder auf dem Papier ab, die eigentlichen Waren sehen sie selten. Sie arbeiten gerne in einem Team und haben mit den verschiedensten Menschen Kontakt.

Markieren Sie die Berufe, die Sie spontan ansprechen und Sie neugierig machen.

Lehrberufe, anerkannte Ausbildungen

Augenoptiker/in
Bahnbetriebsdisponent/in (Privatbahnen)
Betriebsangestellte/r (Privatbahnen)
Büroangestellte/r (2 Jahre)
Detailhandelsangestellte/r (3 Jahre):
- *Agrarhandel*
- *Autoteile-Logistik*
- *Bäckerei-Konditorei*
- *Blumen, Pflanzen*
- *Confiserie-Konditorei*
- *Do-it-yourself*
- *Eisenwaren, Beschläge*
- *Eisenwaren, Werkzeuge*
- *Elektrofach*
- *Farben*
- *Foto*
- *Haushalt, Glas, Porzellan*
- *Kindermode*
- *Konfektion*
- *Lebensmittel*
- *Lederwaren/Reiseartikel*
- *Mercerie/Modewaren*
- *Charcuterie*
- *Möbel*
- *Multimedia*
- *Musikalien*
- *Musikinstrumente*
- *Papeterie*
- *Parfümerie*
- *Reformwaren*
- *Samen, Pflanzen*
- *Schuhhandel*
- *Spielwaren*
- *Sportartikel*
- *Tabakwaren*
- *Teppiche/Bodenbeläge*
- *Textilhandarbeiten*
- *Tonträger*
- *Uhren/Bijouterie*
- *Unterhaltungselektronik*
- *Vorhänge*
- *Zoofachhandel*

Drogist/in
Fotofach-Angestellte/r
Fotofinisher
Gastronomiefachassistent/in
Hotel- und Gastrofachmann/-frau (GFG Chur)
Informations- und Dokumentationsassistent/in
Kaufm. Angestellte/r (3 Jahre):
- *Advokatur*
- *Agrarhandel*
- *AHV-Ausgleichskasse*
- *Autobranche*
- *Bank*
- *Baugewerbe*
- *Bekleidungsindustrie*
- *Chemieindustrie*
- *Detailhandel*
- *Elektrizitätswerke*
- *Gastgewerbe*
- *Gemeindeverwaltung*
- *Grafische Branche*
- *Grundbuchverwaltung*
- *Holzindustrie*
- *Immobilien*
- *Import, Export*
- *Informatik-Anwendungsentwicklung*
- *Informatik- und Büromaterialhandel*
- *Internationale Spedition*
- *Kant. Verwaltung*
- *Kleine und mittlere Unternehmen*
- *Konzertagentur*
- *Maschinenindustrie*
- *Musikverlag*
- *Nahrungsmittelindustrie*
- *Öffentlicher Verkehr*
- *Papeterie*
- *Post*
- *Private Versicherungen*
- *Radio/TV*
- *Reisebüro*
- *Spitäler, Heime*
- *Treuhand*
- *Verkehrsbüro*
- *Verlag, Werbung, Druck*

Lagerist/in
Mediamatiker/in
Pharma-Assistent/in
Postassistent/in
Sortimentsbuchhändler/in
Servicefachangestellte/r
Verkäufer/in (2 Jahre):
- *Autoersatzteile und -zubehör*
- *Kiosk*
- *weitere Branchen siehe Detailhandelsangestellte/r*

Eigene Vorschläge:

____

____

Schulen
Private Handelsschule
Handelsmittelschule
Verkehrsschule
Wirtschaftsgymnasium
Hotelfachschule

Berufsmaturität
Kann während oder nach der Lehre absolviert werden. Berechtigt zum prüfungsfreien Eintritt in die Fachhochschulen.

7

Handel, Wirtschaft, Verwaltung

Industrie, Gewerbe, Handel, Dienstleistungssektor, Öffentliche Verwaltung, Betriebs- und Volkswirtschaft, diplomatischer/konsularischer Dienst

Markieren Sie die Berufe, die Sie spontan ansprechen und Sie neugierig machen.

Sekundärberufe, Berufsprüfungen (BP)

Agrokaufmann/-frau BP
Antiquitäten- und Kunsthändler/in
Arztsekretär/in
Aussenwirtschaftsfachmann/-frau BP
Automobilverkaufsberater/in BP
Bankfachmann/-frau BP
Bestatter/in BP
Betreibungsbeamter/-beamtin
Bibliothekar/in
Branchenspezialist/in BP:
- *Bäckerei-Konditorei-Confiserie*
- *Früchte und Gemüse*
- *Reformprodukte*
- *Sportartikel*
- *Teppiche, Boden- und Wandbeläge*
- *Textil*

Call Center Agent/in
Detailhandelsspezialist/in BP
Direktmarketing-Assistent/in BP
Direktionsassistent/in BP
Dokumentalist/in
Druckkaufmann/-frau BP
Einrichtungsberater/in BP
Exportfachmann/-frau BP
Fachmann/-frau im Finanz- und Rechnungswesen BP
Finanzplaner/in BP
Gemeindeschreiber/in
Haushaltartikelspezialist/in BP
Holzkaufmann/-frau BP
Immobilien-Verwalter/in BP
Immobilienschätzer/in BP
Importfachmann/-frau BP
Informatik-Anwender/in SIZ
Informatik-Projektleiter/in BP
Informations- und Dokumentationsassistent/in
Kaufmann/-frau HKG
Kioskangestellte/r, Kioskinhaber/in
Konsulardienstbeamter/-beamtin
Krankenversicherungs-Experte/Expertin BP
Lagerfachmann/-frau BP
Logistiker/in
Logistikfachmann/-frau BP
Luftverkehrsangestellte/r
Marketingplaner/in BP
Medizinische/r Sekretär/in H+
Office Supporter/in SIZ
Organisator/in BP
Personalassistent/in
Personalberater/in BP
Personalfachmann/-frau BP
Planer/in Marketingkommunikation BP
Postkaufmann/-frau
Public Relations-Assistent/in BP
Sozialversicherungs-Fachmann/-frau BP
Speditionsfachmann/-frau BP
Spitalfachmann/-frau BP
Steuersekretär/in
Strassentransport-Disponent/in BP
Techn. Beschlägespezialist/in BP
Techn. Kaufmann/-frau BP
Techn. Werkzeugspezialist/in BP
Textilkaufmann/-frau STF
Treuhänder/in BP
Verkaufskoordinator/in BP
Verpackungsfachmann/-frau KSV
Versicherungsfachmann/-frau BP
Verwaltungsfachmann/-frau für Personalvorsorge BP
Weinhändler/in
Zivilstandsbeamter/-beamtin

Berufsmaturität
Kann während oder nach der Lehre absolviert werden. Berechtigt zum prüfungsfreien Eintritt in die Fachhochschulen.

Höhere Fachausbildung, Höhere Fachprüfungen (HFP)/Meisterprüfungen

dipl. Bankfachexperte/-expertin HFP
dipl. Betriebsleiter/in Strassentransport HFP
Betriebsökonom/-ökonomin FH
dipl. Betriebswirtschafter/in des Gewerbes HFP
Börsenhändler/in
Detailhandelsökonome/-ökonomin HFP
Drogist/in HF
dipl. Einkäufer/in HFP
dipl. Experte/Expertin in Rechnungslegung und Controlling HFP
dipl. Exportleiter/in HFP
Fachlehrer/in für Bürokommunikation
dipl. Finanzanalytiker/in und Vermögensverwalter/in HFP
dipl. Finanz- und Anlage-Experte/-Expertin HFP
dipl. Finanzplanungsexperte/-expertin HFP
Gemeindeschreiber/in
dipl. Immobilien-Treuhänder/in HFP
dipl. Importleiter/in HFP
Informations- und Dokumentationsspezialist/in FH
Ingenieur/in FH:
- *Kommunikationsmanagement*

dipl. Key Account Manager/in HFP
Konsulardienstbeamter/-beamtin
Lagermeister/in HFP
dipl. Leiter/in Marketingkommunikation HFP
Leiter/in techn. Kundendienst/Montage/Service
dipl. Logistikleiter/in HFP
dipl. Marketingleiter/in HFP
Notar/in
dipl. Organisator/in HFP
dipl. Pensionskassenleiter/in HFP

dipl. Pensionsversicherungsexperte/-expertin HFP
Personalleiter/in
dipl. Pharmaberater/in HFP
Product Manager
dipl. Public Relations-Berater/in HFP
Schulsekretär/in
dipl. Sozialversicherungs-Experte/-Expertin HFP
dipl. Speditionsleiter/in HFP
dipl. Spitalexperte/-expertin HFP
dipl. Steuerexperte/-expertin HFP
Supervisor/in, Organisationsentwickler/in
Techn. Geschäftsführer/in HFP
Techniker/in TS:
- *Kundensupport*
- *Logistik*
- *Textillogistik*

dipl. Treuhandexperte/-expertin HFP
dipl. Verkaufsberater/in, Agent/in HFP
dipl. Verkaufsleiter/in HFP
dipl. Verlagsfachmann/-frau HFP
dipl. Versicherungsexperte/-expertin HFP
Wirtschaftsfachlehrer/in
dipl. Wirtschaftsprüfer/in HFP

Eigene Vorschläge:

____

____

Kaderschulen
- Betriebsökonom/in FH
- Informations- und Dokumentationsspezialist/in FH
- Master of Business Adminstration (MBA)
- Managementdiplome

Nachdiplomstudien
Ein Nachdiplomstudium steht Personen offen, die über ein Diplom einer Hochschule, einer Fachhochschule oder einer Höheren Fachschule verfügen. Es empfiehlt sich, mit den Anbietern von Nachdiplomstudiengängen Kontakt aufzunehmen und die genauen Zulassungsbedingungen im Einzelfall abzuklären.

Akademische Berufe

Betriebswirtschafter/in
Diplomat/in
Gerichtsschreiber/in
Handelslehrer/in
Jurist/in
Konsul/in
Notar/in
Volkswirtschafter/in
Versicherungsmathematiker/in
Wirtschaftsfachlehrer/in
Wirtschaftsinformatiker/in
Wirtschaftspublizist/in
Wirtschaftswissenschafter/in

Eigene Vorschläge:

____

____

8

Tourismus, Verkehr, Sicherheit

Tourismus, Luftverkehr, Bahnen, Strassen, Schifffahrt, übrige Transportsysteme, Post und Telekommunikation, Zoll, Polizei, Militär, Rechtspflege

Tätigkeitsbereiche

Diese Berufstätigen erbringen die vielfältigsten Dienstleistungen bei Bahn, Fluggesellschaft und Post. Sie arbeiten als Zollbeamte oder Schiffskapitäne. Sie haben mit dem Verkehr auf Schiene, Strasse und in der Luft zu tun. Der Bereich der Fernmeldetechnik, bei dem Worte oder Bilder «transportiert» werden, gehört ebenfalls zum Arbeitsgebiet. Im Kontakt mit Kunden sind sie die Repräsentanten der jeweiligen Firmen. Oft sind sie uniformiert an ihrer Arbeit.

Arbeitsorte

Sie arbeiten auf Bahnhöfen, in den Gleisanlagen, im stehenden oder fahrenden Zug, am Postschalter, bei einer Telefongesellschaft, im Flugzeug, im Lastwagen oder Bus, am Zoll, bei der Polizei oder auf einem Schiff in Binnengewässern oder auf hoher See.

Arbeitsinstrumente

Sie arbeiten mit dem Telefon und hochspezialisierten Computer- und Nachrichtensystemen. Bei Lastwagen-, Taxifahrerinnen, Buschauffeuren und Zugführern ist der Arbeitsort gleichzeitig das wichtigste Arbeitsinstrument.

Wer eignet sich für dieses Berufsfeld?

Diese Berufstätigen arbeiten gerne in Dienstleistungsbetrieben, die sich hauptsächlich mit dem Transport von Personen und Gütern befassen. Sie sind sehr zuverlässig, genau und hilfsbereit. Sie tragen oftmals die Verantwortung für viele Menschen. Sie müssen bereit sein, unregelmässig zu arbeiten. Die typischen Uniformberufe stehen im Brennpunkt einer aufmerksamen Öffentlichkeit.

Markieren Sie die Berufe, die Sie spontan ansprechen und Sie neugierig machen.

Lehrberufe, anerkannte Ausbildungen

Bahnbetriebsdisponent/in (Privatbahnen)
Betriebsangestellte/r (Privatbahnen)
Edelmetallprüfer/in
Flugsicherungsangestellte/r
Flugverkehrsleiter/in
Grenzwächter
Kaufm. Angestellte/r
- *Öffentlicher Verkehr*
- *Post*
- *Reisebüro*
- *Tourismus*

Lastwagenführer/in
Matrose/Matrosin der Rheinschifffahrt
Postangestellte/r
Zollbeamter/-beamtin
Zugbegleiter/in

Eigene Vorschläge:

____

____

Vorbereitung auf Verkehrsberufe
- Verkehrsschule
- Handelsschule
- Diplommittelschule
- Tourismusfachschule

Berufsmaturität
Kann während oder nach der Lehre absolviert werden. Berechtigt zum prüfungfreien Eintritt in die Fachhochschulen.

8

Tourismus, Verkehr, Sicherheit

Tourismus, Luftverkehr, Bahnen, Strassen, Schifffahrt, übrige Transportsysteme, Post und Telekommunikation, Zoll, Polizei, Militär, Rechtspflege

Sekundärberufe, Berufsprüfungen (BP)

Badmeister/in BP
Bergführer/in BP
Berufsfeuerwehrmann/-frau
Berufsmilitärpilot/in
Berufstaucher/in
Berufsunteroffizier/in
Betriebssanitäter/in
Buschauffeur/in
Carführer-Reiseleiter/in BP
Croupier/Croupière
Edelmetallprüfer/in
Exportfachmann/-frau BP
Fachmann/-frau für Sicherheit und Bewachung BP
Fachmann/-frau im Pisten- und Rettungsdienst BP
Fahrlehrer/in
Festungswächter
Flight Attendant BP
Flugdienstberater/in BP
Flughafen-Sicherheitspolizist/in
Flugsicherungsangestellte/r
Grenzwächter/in
Helikopter-Privatpilot/in
IATA/UFTAA International Travel Consultant
Importfachmann/-frau BP
Leiter/in Postbüro
Lokomotivführer/in
Luftfahrzeugmechaniker/in BP
Luftverkehrsangestellte/r
Matrose/Matrosin (Hochsee)
Militär-Helikopterpilot/in
Mitarbeiter/in im Freiheitsentzug
Polizeibeamter/-beamtin
Postassistent/in
Posthalter/in
Postkaufmann/-frau
Privatdetektiv/in
Privatpilot/in
Reisefachmann/-frau BP
Reiseleiter/in
Schweizergardist
Securitas-Wächter/-Hostess
Seilbahnfachmann/-frau BP
Sicherheitsbeauftragte/r in Spital und Heim BP
Speditionsfachmann/-frau BP
Spezalist/in Arbeitssicherheit
Spezialist/in Bau und Unterhalt
Stadthost/-hostess
Stationäre/r Reiseleiter/in
Strassentransport-Disponent/in BP
Tauchlehrer/in
Taxichauffeur/in
Tech. Schiffsoffizier/in (Maschinenoffizier/in)
Tramwagenführer/in
Tourismusfachmann/-frau BP
Tourismuskommunikator/in
Verkehrsbeamter/-beamtin
Wagenführer/in Postautodienst
Zivilschutzinstruktor/in
Zollbeamter/-beamtin
Zolldeklarant/in BP
Zollexperte/-expertin
Zolltechniker/in
Zugführer/in

Markieren Sie die Berufe, die Sie spontan ansprechen und Sie neugierig machen.

Eigene Vorschläge:

____

____

Berufsmaturität
Kann während oder nach der Lehre absolviert werden. Berechtigt zum prüfungsfreien Eintritt in die Fachhochschulen.

Höhere Fachausbildung, Höhere Fachprüfungen (HFP)/Meisterprüfungen

Ausbildungslokomotivführer/in
Berufsmilitärpilot/in
Berufsoffizier/in
Betreibungsbeamter/-beamtin
Betriebsleiter/in im Strassentransport HFP
Edelmetallexperte/-expertin
Edelmetalltechniker/in
dipl. Exportleiter/in HFP
Fluginstruktor/in
Flugverkehrsleiter/in
Gemeindeammann
Grundbuchverwalter/in
Helikopter-Berufspilot/in
dipl. Importleiter/in HFP
Ingenieur/in FH:
- *Telekommunikation*
Kur- und Verkehrsdirektor/in
Linienpilot/in
Master of Science in International Hospitality & Tourism Management
Nautische/r Schiffsoffizier/in
Notar/in
Oberlokomotivführer/in
Schadenexperte/-expertin bei Versicherungsgesellschaften
Schiffsführer/in (Kapitän/in)
dipl. Speditionsleiter/in HFP
Techn. Schiffsoffizier/in (Maschinenoffizier/in)
dipl. Tourismus-Experte/-Expertin HFP
Tourismusfachmann/-frau HF
Verkehrsexperte/-expertin

Eigene Vorschläge:

____

____

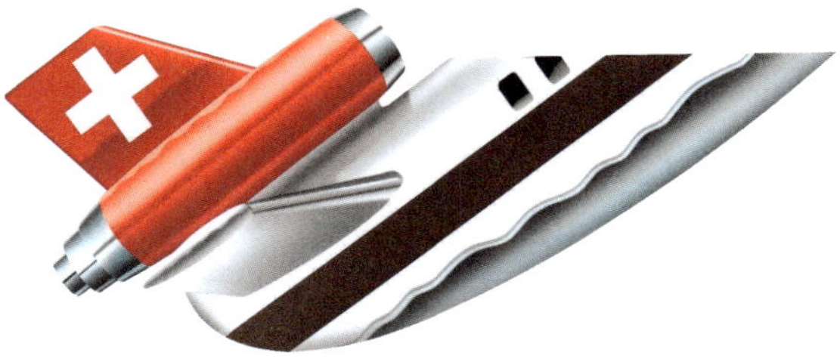

Nachdiplomstudien
Ein Nachdiplomstudium steht Personen offen, die über ein Diplom einer Hochschule, einer Fachhochschule oder einer Höheren Fachschule verfügen. Es empfiehlt sich, mit den Anbietern von Nachdiplomstudiengängen Kontakt aufzunehmen und die genauen Zulassungsbedingungen im Einzelfall abzuklären.

Akademische Berufe

Bauingenieur/in
Geograf/in
Gerichtsmediziner/in
Gerichtsschreiber/in
Jugendanwalt/-anwältin
Jurist/in
Kriminalwissenschafter/in
Notar/in
Politologe/Politologin
Raumplaner/in
Rechtsanwalt/-anwältin
Richter/in
Verkehrsingenieur/in

Eigene Vorschläge:

____

____

9

Planung, Projektierung, Ingenieurwesen

Maschinenbau, Elektrotechnik, Verfahrenstechnik, Architektur, Bauingenieurwesen, Landschafts- und Raumplanung

Tätigkeitsbereiche

Diese Berufstätigen befassen sich mit der Planung und dem Zeichnen von technischen Anlagen. Das können Neubauten, Strassenprojekte, Heizungs- und Sanitäranlagen, elektrische Installationen oder Industriemaschinen sein. Auch arbeiten sie an Grundbuchplänen oder beschäftigen sich mit dem Innenausbau einer Ladenverkaufsfläche. Techniker und Ingenieurinnen berechnen die Kosten von solchen Projekten, leiten die Planung und beaufsichtigen die Arbeiten.

Arbeitsorte

Den grössten Teil ihrer Arbeit verrichten diese Berufstätigen in der Planungsabteilung eines grösseren Unternehmens oder in einem Ingenieur- und Planungsbüro. Weil sie den Stand der Arbeiten draussen auf dem Bau oder in der Fabrikfertigungshalle verfolgen müssen, sind sie oft auch dort anzutreffen.

Arbeitsinstrumente

In erster Linie arbeiten sie mit Hilfe des Computers, selten noch auf dem Reissbrett mit Tusche, Farb- und Bleistiften. Für genaue Unterlagen über die verschiedenen zu verarbeitenden Fabrikate stehen ihnen viele technische Daten zur Verfügung. Das Telefon wird oft für Detailabklärungen gebraucht.

Wer eignet sich für dieses Berufsfeld?

Diese Berufstätigen arbeiten gerne sehr exakt. Ihr räumliches Vorstellungsvermögen muss sehr ausgeprägt sein, zeichnen und entwerfen sie doch mit dem Computer oder auf dem Papier, was später dreidimensional hergestellt werden soll. Sie gehen gerne mit Zahlen um, rechnen gut und gerne und interessieren sich für technische Fragen der Planung und Fertigung.

Markieren Sie die Berufe, die Sie spontan ansprechen und Sie neugierig machen.

Lehrberufe, anerkannte Ausbildungen

Architekturmodellbauer/in
Bauzeichner/in
Elektrozeichner/in
Haustechnikplaner/in
Hochbauzeichner/in
Innenausbauzeichner/in
Kartograf/in
Konstrukteur/in
Landschaftsbauzeichner/in
Metallbaukonstrukteur/in
Metallkundelaborant/in
Mikrozeichner/in
Physiklaborant/in
Raumplanungszeichner/in
Vermessungszeichner/in

Eigene Vorschläge:

____

____

Berufsmaturität
Kann während oder nach der Lehre absolviert werden. Berechtigt zum prüfungsfreien Eintritt in die Fachhochschulen.

9

Planung, Projektierung, Ingenieurwesen

Maschinenbau, Elektrotechnik, Verfahrenstechnik, Architektur, Bauingenieurwesen, Landschafts- und Raumplanung

Markieren Sie die Berufe, die Sie spontan ansprechen und Sie neugierig machen.

Sekundärberufe, Berufsprüfungen (BP)

Archäologische/r Grabungstechniker/in
Automatikfachmann/-frau BP
Baupolier/in BP
Elektro-Planer/in BP
Elektro-Telematiker/in BP
Informatiker/in BP
Konstrukteur/in
Lagerfachmann/-frau BP
Logistiker/in
Logistikfachmann/-frau BP
Metallbauplaner/in BP
Obergärtner/in BP
Organisator/in BP
Photogrammetrie-Operateur/in (Luftbildauswertung)
Projektleiter/in im Schaltanlagenbau BP
Prozessfachmann/-frau der Maschinen- und Elektroindustrie BP
Techn. Kaufmann/-frau BP
Vermessungstechniker/in BP

Eigene Vorschläge:

____

____

Berufsmaturität
Kann während oder nach der Lehre absolviert werden. Berechtigt zum prüfungsfreien Eintritt in die Fachhochschulen.

Höhere Fachausbildung, Höhere Fachprüfungen (HFP)/Meisterprüfungen

Architekt/in FH
Bauführer/in (Techniker/in TS)
dipl. Energieberater/in HFP
Gärtnermeister/in
dipl. Haustechnikplaner/in Heizung HFP
dipl. Haustechnikplaner/in Sanitär HFP
dipl. Heizungsplaner/in HFP
Ingenieur/in FH:
- *Bauingenieurwesen*
- *Elektrotechnik*
- *Heizungs-, Lüftungs-, Klimatechnik*
- *Holzbau/Holzbetrieb*
- *Kommunikationsmanagement*
- *Mikrotechnik*
- *Systemtechnik*
- *Technische Informatik*
- *Techn. Projektmanagement in Mechatronik*
- *Telekommunikation*
- *Vermessung*
- *Wirtschaftsinformatik*

Innenarchitekt/in FH
IT Services Engineer (Techniker/in TS)
Lagermeister/in HFP
Landschaftsarchitekt/in FH
Logistikleiter/in HFP
Metallbaumeiser/in, Metallbauplanermeister/in
Raumplaner/in FH
Techniker TS:
- *Bekleidung*
- *Betriebstechnik*

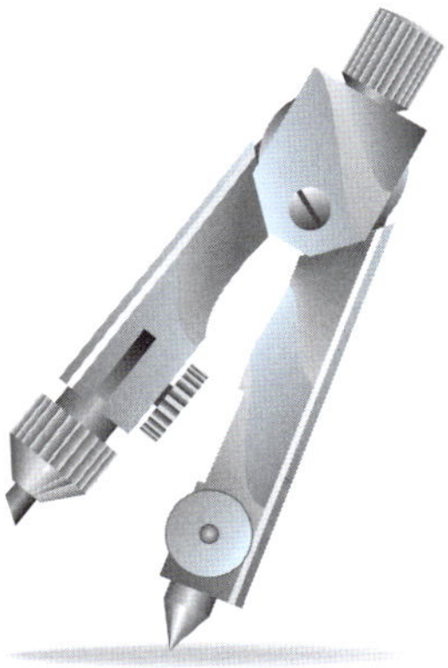

- *Druckindustrie*
- *Elektronik*
- *Elektrotechnik*
- *Energietechnik*
- *Garten- und Landschaftsbau*
- *Heizungstechnik*
- *Hochbau*
- *Holzbau*
- *Holzindustrie*
- *Holztechnik*
- *Informatik*
- *Informationstechnik*
- *Kältetechnik*
- *Klimatechnik*
- *Konstruktion*
- *Kunststofftechnik*
- *Lebensmittel*
- *Logistik*
- *Maschinentechnik*
- *Mechatronik*
- *Medizintechnik*
- *Metallbau*
- *Nachrichtentechnik*
- *Produkt- und Prozessgestaltung*
- *Produktionstechnik*
- *Sanitärtechnik*
- *Telekommunikation*
- *Textil*
- *Textillogistik*
- *Tiefbau*
- *Kundensupport*
- *Wirtschaftsinformatik*

Wirtschaftsinformatiker/in FH

Eigene Vorschläge:

____

____

Akademische Berufe

Architekt/in
Bauingnieur/in
Betriebs- und Produktionsingenieur/in
Elektroingenieur/in
Flugzeugingenieur/in
Kulturingenieur/in
Maschineningenieur/in
Raumplaner/in
Verfahrensingenieur/in
Verkehrsingenieur/in
Vermessungsingenieur/in
Werkstoffingenieur/in

Eigene Vorschläge:

____

____

Nachdiplomstudien
Ein Nachdiplomstudium steht Personen offen, die über ein Diplom einer Hochschule, einer Fachhochschule oder einer Höheren Fachschule verfügen. Es empfiehlt sich, mit den Anbietern von Nachdiplomstudiengängen Kontakt aufzunehmen und die genauen Zulassungsbedingungen im Einzelfall abzuklären.

10

Elektronik, Informatik, Telekommunikation

Informatik, Telekommunikation, Netzwerkmanagement, Nachrichtentechnik, Software-Engineering

Tätigkeitsbereiche

Diese Berufstätigen befassen sich mit Computerproblemen, Telekommunikationslösungen und elektronischen Fragestellungen. Sie bauen elektrische Apparate, reparieren Faxgeräte oder Kopierer, klären die Bedürfnisse der Anwendenden ab, wählen die entsprechenden Systeme aus und schlagen sie der Kundschaft in ihrem Konzept vor. Sie unterstützen und instruieren Computer-Benutzer/innen und erstellen funktionstüchtige und grafisch gut gestaltete Websites.

Arbeitsorte

Sie werden sowohl in Gross- als auch in Klein- und Mittelbetrieben eingesetzt, arbeiten in Softwarefirmen und Rechenzentren von Grossbanken. Arbeiten sie im Support, sind sie oft in den Büros der Kundschaft oder unterwegs im Auto.

Arbeitsinstrumente

Die Berufsleute aus der Informatik-, Elektronik- und Telekommunikationsbranche arbeiten in erster Linie mit dem Computer und dessen Zubehör. Sie benutzen aber auch das Telefon, verschiedene Softwares, Betriebssysteme und Netzwerke. Auch Werkzeuge wie Schraubenzieher, Phasenprüfer und andere Messgeräte verwenden sie häufig.

Wer eignet sich für dieses Berufsfeld?

Menschen mit Interesse an Technologie, an Computern und deren Netzwerken oder Programmen, an modernen Kommunikationsmitteln. Menschen mit Fähigkeiten zu vernetztem und logisch-folgerichtigem Denken und Freude am Lösen komplexer Fragestellungen. Die Bereitschaft, sich laufend weiterzubilden, sowie Sinn für theoretische Vorgänge und Abläufe sind von Vorteil.

Lehrberufe, anerkannte Ausbildungen

Automatiker/in
Detailhandelsangestellte/r Multimedia
Elektroniker/in
Elektroniker/in bei Radio und Fernsehen
Feinwerkoptiker/in
Geräteinformatiker/in

Informatiker/in
Kaufm. Angestellte/r:
- *Informatik-Anwendungsentwicklung*
- *Informatik- und Büromaterialhandel*

Mediamatiker/in
Multimediaelektroniker/in
Telematiker/in

Eigene Vorschläge:

____

____

Berufsmaturität
Kann während oder nach der Lehre absolviert werden. Berechtigt zum prüfungsfreien Eintritt in die Fachhochschulen.

10

Elektronik, Informatik, Telekommunikation

Informatik, Telekommunikation, Netzwerkmanagement, Nachrichtentechnik, Software-Engineering

Sekundärberufe, Berufsprüfungen (BP)

Markieren Sie die Berufe, die Sie spontan ansprechen und Sie neugierig machen.

Automatikfachmann/-frau BP
Electronic-Publisher/in
Elektro-Kontrolleur/in; Chefmonteur/in BP
Elektro-Planer/in BP
Elektro-Telematiker/in BP
Informatik-Anwender/in SIZ
Informatiker/in BP
Informatik-Trainer/in
Informatik-Projektleiter/in BP
Kernkraftwerk-Anlagenoperateur/in BP
Microsoft Certified Systems Engineer (MCSE)

Multimedia Autor/in
Multimedia-Designer/in
Multimedia-Informatiker/in
Multimedia-Koordinator/in BP
Multimedia-Produzent/in
Office-Supporter/in SIZ
Operater/in (Informatik)
Organisator/in BP
PC-Supporter/in SIZ
Programmierer/in
Projektleiter/in im Schaltanlagenbau BP
Screen-Communicator/in BP
Web-Master/in SIZ
Web-Publisher/in SIZ

Eigene Vorschläge:

____

____

Berufsmaturität
Kann während oder nach der Lehre absolviert werden. Berechtigt zum prüfungsfreien Eintritt in die Fachhochschulen.

Höhere Fachausbildung, Höhere Fachprüfungen (HFP)/Meisterprüfungen

Ingenieur/in FH:
- *Datenanalyse und Prozessdesign*
- *Elektronik*
- *Elektronik und Automation*
- *Elektrotechnik*
- *Informatik*
- *Informationstechnologie*
- *Kommunikationmanagement*
- *Mikrotechnik*
- *Technische Informatik*
- *Techn. Projektmanagement in Mechatronik*
- *Telekommunikation*
- *Wirtschaftsinformatik*

IT Services Engineer (Techniker/in TS)

Techniker/in TS:
- *Automationstechnik*
- *Elektronik*
- *Elektrotechnik*
- *Energietechnik*
- *Informatik*
- *Informationstechnik*
- *Mechatronik*
- *Nachrichtentechnik*
- *Telekommunikation*
- *Wirtschaftsinformatik*
- *Kundensupport*

Wirtschaftsinformatiker/in FH
dipl. Wirtschaftsinformatiker/in HFP

Eigene Vorschläge:

____

____

Nachdiplomstudien
Ein Nachdiplomstudium steht Personen offen, die über ein Diplom einer Hochschule, einer Fachhochschule oder einer Höheren Fachschule verfügen. Es empfiehlt sich, mit den Anbietern von Nachdiplomstudiengängen Kontakt aufzunehmen und die genauen Zulassungsbedingungen im Einzelfall abzuklären.

Akademische Berufe

Elektroingenieur/in
Informatiker/in
Informatikingenieur/in
Mikrotechnikingenieur/in

Eigene Vorschläge:

____

____

11

Naturwissenschaft

Chemie, Physik, Elektrotechnik, Botanik, Biologie, Pharmazie, Geowissenschaften

Tätigkeitsbereiche

Diese Berufstätigen befassen sich mit chemischen Prozessen und Reaktionen, untersuchen Textilfasern oder Metallstücke auf mikroskopisch kleine Bruchstellen. Sie suchen in Blut- und Gewebeproben Krankheitserreger, testen neue Medikamente an Tieren, sind aber auch bei der fabrikationsmässigen Herstellung von chemischen Produkten tätig. Sie suchen auch nach neuen physikalischen und elektronischen Anwendungsmöglichkeiten.

Arbeitsorte

Sie arbeiten in Labors oder Fabrikationsbereichen der chemischen und elektronischen Industrie, in Kontrolllabors der Maschinenindustrie, im Fotofachgeschäft, im medizinischen Labor oder in landwirtschaftlichen Versuchsbetrieben.

Arbeitsinstrumente

Sie arbeiten mit Mikroskopen, Pipetten, Bunsenbrenner, elektronischen Waagen, Computerspektrographen, Oszillographen, Spritzen, Messbecher oder grossen Gärtanks. Chemische und physikalische Tabellen und Formeln dienen als fachliche Stütze.

Wer eignet sich für dieses Berufsfeld?

Diese Berufstätigen haben ein grosses Interesse an allen naturwissenschaftlichen Vorgängen. Chemie, Physik, Elektronik, Medizin, Botanik oder Biologie bilden die wissenschaftliche Grundlage für diese Berufe. Rechnerische Begabung, gutes räumliches Vorstellungsvermögen, Freude am Kleinen, Geduld und Ausdauer werden bei diesen Tätigkeiten gebraucht.

Lehrberufe, anerkannte Ausbildungen

Biologielaborant/in
Chemielaborant/in
Chemikant/in
Cheminist/in
Diätkoch/-köchin (Zusatzlehre)
Drogist/in
Elektroniker/in
Ernährungsberater/in[1]
Fachmann/-frau für med.-techn. Radiologie[1] MTRA
Feinwerkoptiker/in
Fotolaborant/in
Getränketechnologe/-login
Giessereitechnologe/-login
Informatiker/in
Konserven- und Tiefkühltechnologe/-login
Kunststofftechnologe/-login
Laborist/in
Lebensmitteltechnologe/-login
Medizinische/r Laborant/in
Metallkundelaborant/in
Papiertechnologe/-login
Pharma-Assistent/in
Physiklaborant/in
Techn. Operationsassistent/in[1]
Textillaborant/in
Wissenschaftliche/r Illustrator/in

Eigene Vorschläge:

____

____

Schulen
- Mathematisch-naturwissenschaftliches Gymnasium
- Vorschule bzw. 10. Schuljahr für med.-techn. und Pflegeberufe

Berufsmaturität
Kann während oder nach der Lehre absolviert werden. Berechtigt zum prüfungsfreien Eintritt in die Fachhochschulen.

[1] *Für diese Ausbildungen ist ein Mindestalter von 18 Jahren sowie eine erweiterte Schulbildung bzw. spezifische Vorbereitung Voraussetzung.*

11

Naturwissenschaft

Chemie, Physik, Elektrotechnik, Botanik, Biologie, Pharmazie, Geowissenschaften

Sekundärberufe, Berufsprüfungen (BP)

Anlagen-Operateur/in
Ärztebesucher/in SABV
Edelmetallprüfer/in
Ernährungsberater/in
Experte/Experin SGG für Edelsteine
Feuerverzinker/in BP
Galvaniker/in BP
Gemmologe/-login (Edelsteinprüfer/in)
Hörgeräte-Akustiker/in BP

Kernkraftwerk-Anlagen-operateur/in BP
Klärwerkmeister/in VSA
Natur- und Umweltfachmann/-frau BP
Naturwissenschaftl. Präparator/in:
- *Geowissenschaft*
- *Zoologie*

Präparator/in BP
Schichtführer/in EW/Gas/Wasser
Umweltberater/in WWF

Eigene Vorschläge:

____

____

Berufsmaturität
Kann während oder nach der Lehre absolviert werden. Berechtigt zum prüfungsfreien Eintritt in die Fachhochschulen.

Markieren Sie die Berufe, die Sie spontan ansprechen und Sie neugierig machen.

Höhere Fachausbildung, Höhere Fachprüfungen (HFP)/Meisterprüfungen

Architekt/in FH
Aromatiker/in
dipl. Augenoptiker/in HFP
Chemiker/in FH
Drogist/in HF
Feuerverzinker/in HFP

Galvaniker/in HFP
Heilpraktiker/in, Naturarzt/-ärztin
Ingenieur/in FH:
- *Automobiltechnik*
- *Bauingenieurwesen*
- *Biotechnologie*
- *Elektrotechnik*
- *Grafische Industrie*
- *Holzbau/Holzbetrieb*
- *Hortikultur*
- *Kommunikationsmanagement*
- *Lebensmitteltechnologie*
- *Maschinenbau*
- *Mikrotechnik*
- *Technische Informatik*
- *Techn. Projektmanagement in Mechatronik*
- *Telekommunikation*
- *Vermessung*
- *Wirtschaftsinformatik*

Ingenieur-Agronom/in FH
Ingenieur-Önologe/-login FH
IT Services Engineer (Techniker/in TS)
Kunststofftechnologe/-login
dipl. Laborant/in HFP
Lebensmittelingenieur/in FH Milchwirtschaft
Lebensmittelinspektor/in
Lebensmittelkontrolleur/in
dipl. Lebensmitteltechnologe/-login HFP
Osteopath/in
dipl. Pharmaberater/in HFP
Raumplaner/in FH
Techniker/in TS:
- *Agrarwirtschaft*
- *Elektronik*
- *Elektrotechnik*
- *Energietechnik*
- *Informatik*
- *Informationstechnik*
- *Konstruktion*
- *Kunststofftechnik*
- *Lebensmittel*
- *Maschinentechnik*
- *Mechatronik*
- *Medizinaltechnik*
- *Nachrichtentechnik*

Eigene Vorschläge:

____

____

Nachdiplomstudien
Ein Nachdiplomstudium steht Personen offen, die über ein Diplom einer Hochschule, einer Fachhochschule oder einer Höheren Fachschule verfügen. Es empfiehlt sich, mit den Anbietern von Nachdiplomstudiengängen Kontakt aufzunehmen und die genauen Zulassungsbedingungen im Einzelfall abzuklären.

Akademische Berufe

Apotheker/in
Arzt/Ärztin
Astronom/in
Biochemiker/in
Biologe/Biologin
Chemieingenieur/in
Chemiker/in
Elektroingenieur/in
Forstingenieur/in
Geograf/in

Geologe/Geologin
Informatiker/in
Informatikingenieur/in
Lebensmittel-Ingenieur/in
Mathematiker/in
Mittelschullehrer/in
Molekularbiologe/-biologin
Oberstufenlehrer/in
Pharmazeut/in
Physiker/in
Tierarzt/-ärztin

Eigene Vorschläge:

____

____

12

Kunst, Musik, Theater, Film

Kunst, Musik, Theater, Film, Tanz

Tätigkeitsbereiche

Die Menschen in diesem Berufsfeld beleuchten Bühnen, tanzen, schreiben Musicals, schminken Tänzerinnen und Schauspieler, führen Kameras und singen Lieder. Sie bringen Kinder zum Lachen, Erwachsene zum Staunen oder lesen Nachrichten im Fernsehen. Im Bereich der Video-Unterhaltung schneiden und mischen sie Ton und Bild. Diese Berufstätigen führen Regie oder schreiben Kritiken zu Aufführungen.

Arbeitsorte

Sie arbeiten auf Bühnen, in Konzertsälen, Fernsehstudios oder im Zirkuszelt. Wir finden Sie hinter oder vor der Kamera, im Tonstudio eines Radiosenders oder in Museen.

Arbeitsinstrumente

Die Arbeitsinstrumente dieser Personen sind Filmkameras, Mikrophone, Scheinwerfer und Mischpulte. Im Musikbereich sind es CDs, Notenblätter, Musikinstrumente oder der Dirigentenstock. Bühnenbildnerinnen arbeiten mit Holz und Farben, Sägen, Schleifmaschinen und Stoffen. Visagisten benutzen Schminke, Pinsel, Puder und Perücken.

Wer eignet sich für dieses Berufsfeld?

Menschen mit Interesse an Kultur, an Filmtechniken, an Kunst und Geschichte. Wer ein Auge für Farben und Formen hat, ein gewisses Talent für Improvisation und Organisation besitzt und künstlerisch und kreativ begabt ist. Künstlerische Ausdrucksfähigkeit und Phantasie sind wichtig.

Markieren Sie die Berufe, die Sie spontan ansprechen und Sie neugierig machen.

Lehrberufe, anerkannte Ausbildungen

Blasinstrumentenreparateur/in
Blechblasinstrumentenbauer/in
Fotograf/in
Geigenbauer/in
Glasmaler/in
Goldschmied/in
Grafiker/in
Holzbildhauer/in
Keramiker/in
Keramikmaler/in
Klavierbauer/in
Orgelbauer/in
Silberschmied/in
Steinbildhauer/in
Töpfer/in
Zinnpfeifenmacher/in

Eigene Vorschläge:

____

____

Schulen
- Literargymnasium
- Realgymnasium
- Neusprachliches Gymnasium
- Diplommittelschule

Berufsmaturität
Kann während oder nach der Lehre absolviert werden. Berechtigt zum prüfungsfreien Eintritt in die Fachhochschulen.

12

Kunst, Musik, Theater, Film

Kunst, Musik, Theater, Film, Tanz

Sekundärberufe, Berufsprüfungen (BP)

Markieren Sie die Berufe, die Sie spontan ansprechen und Sie neugierig machen.

Antiquitäten- und Kunsthändler/in
Archäologische/r Grabungstechniker/in BP
Ballett-Tänzer/in
Beleuchter/in beim Fernsehen
Bildoperateur/in
Bühnenbildner/in
Bühnentänzer/in
Bühnentechniker/in
Disc-Jockey
Filmschaffende/r BP
Kulturmanager/in
Maskenbildner/in
Moderator/in Radio/TV

Musiker/in
Puppenspieler/in
Requisiteur/in
Sänger/in
Schauspieler/in
Script
Tänzer/in
Theatermaler/in
Theaterschneider/in, Gewandmeister/in
Tonoperateur/in
Tontechniker/in BP
Video-Editor/in
Visagist/in

Eigene Vorschläge:

____

____

Berufsmaturität
Kann während oder nach der Lehre absolviert werden. Berechtigt zum prüfungsfreien Eintritt in die Fachhochschulen.

Höhere Fachausbildung, Höhere Fachprüfungen (HFP)/Meisterprüfungen

Artist/in
Audio-Designer/in
Aufnahmeleiter/in
Ballet-Pädagoge/-Pädagogin
Clown/in
Dirigent/in
Drehbuchautor/in
Film-/Videogestalter/in FH
Gewandmeister/in
Journalist/in
Kameramann/-frau
Kirchenmusiker/in
Komponist/in

Magier/in
Moderator/in TV/Radio
Museologe/Museologin
Museumspädagoge/-pädagogin
Musiker/in
Pantomime/-mimin
Regisseur/in
Regisseur/in, Realisator/in beim Fernsehen
Sänger/in
Schauspieler/in
Stuntman/-woman
Tanztherapeut/in

Tierlehrer/in
Theaterpädagoge/-pädagogin
Tonregisseur/in
Tontechniker/in

Eigene Vorschläge:

____

____

Nachdiplomstudien
Ein Nachdiplomstudium steht Personen offen, die über ein Diplom einer Hochschule, einer Fachhochschule oder einer Höheren Fachschule verfügen. Es empfiehlt sich, mit den Anbietern von Nachdiplomstudiengängen Kontakt aufzunehmen und die genauen Zulassungsbedingungen im Einzelfall abzuklären.

Akademische Berufe

Archäologe/Archäologin
Dramaturg/in
Filmwissenschafter/in
Komponist/in
Konservator/in
Kunsthistoriker/in

Kunstkritiker/in
Kunstwissenschafter/in
Literatur- und Theaterwissenschafter/in
Musikwissenschafter/in
Musikkritiker/in
Theaterpädagoge/-pädagogin

Eigene Vorschläge:

____

____

13

Sprache, Publizistik, Medien

Linguistik, Sprachunterricht, Übersetzen, Dolmetschen, Journalismus, Medien, Literatur, Publizistik

Tätigkeitsbereiche

Sie lesen Bücher, schreiben darüber und übersetzen Texte in andere Sprachen. Die Menschen in diesem Berufsfeld haben viel mit Sprache zu tun. Sie kreieren Werbeslogans, führen Interviews, korrigieren Zeitungsartikel und dokumentieren Geschehnisse in der Welt. Sie haben mit Gesetzestexten und Wirtschaftsfragen zu tun, beschäftigen sich aber auch mit Theaterstücken und Literatur.

Arbeitsorte

Diese Berufstätigen arbeiten in Bibliotheken, in Verlagen, in Zeitungsredaktionen oder beim Fernsehen und Radio. Sie sind an Kongressen und Vorlesungen oder lehren in Klassenzimmern. Wir finden diese Menschen auch in Werbe- oder Public-Relations-Agenturen. Manche arbeiten freiberuflich und sind viel unterwegs oder recherchieren im Internet.

Arbeitsinstrumente

Ihre Arbeitsinstrumente sind vielfach Computer, aber auch Notizblätter, Manuskripte, Mikrophone und Bücher. Sie arbeiten hauptsächlich mit ihrem Kopf. Je nach Tätigkeitsgebiet können sie sich auf Gesetze, die Bibel, Manuskripte, Bücher, Lehrmittel usw. abstützen.

Wer eignet sich für dieses Berufsfeld?

Diese Menschen brauchen Interesse an der Sprache, deren Entwicklung und Anwendungsmöglichkeiten. Sie haben die Fähigkeit, sich präzise auszudrücken und haben ein gutes Allgemeinwissen und vielseitige Interessen.

Lehrberufe, anerkannte Ausbildungen

Buchhändler/in
Informations- und Dokumentationsassistent/in
Kaufm. Angestelle/r
- *Verlag, Werbung, Druck*

Polygraf/in

Eigene Vorschläge:

____

____

Schulen
- Literargymnasium
- Realgymnasium
- Neusprachliches Gymnasium
- Diplommittelschule

Berufsmaturität
Kann während oder nach der Lehre absolviert werden. Berechtigt zum prüfungsfreien Eintritt in die Fachhochschulen.

13

Sprache, Publizistik, Medien

Linguistik, Sprachunterricht, Übersetzen, Dolmetschen, Journalismus, Medien, Literatur, Publizistik

Markieren Sie die Berufe, die Sie spontan ansprechen und Sie neugierig machen.

Sekundärberufe, Berufsprüfungen (BP)

Bibliothekar/in
Buchhändler/in ZBS
Buchhandelsangestelle/r ZBS
Dokumentalist/in
Journalist/in
Korrektor/in BP
Mediaplaner/in
Moderator/in Radio/TV
Planer/in Marketingkommunikation BP
Public Relations-Assistent/in BP
Schauspieler/in
Schriftsteller/in
Werbetexter/in

Eigene Vorschläge:

____

____

Berufsmaturität
Kann während oder nach der Lehre absolviert werden. Berechtigt zum prüfungsfreien Eintritt in die Fachhochschulen.

Höhere Fachausbildung, Höhere Fachprüfungen (HFP)/Meisterprüfungen

Bibliothekar/in
Dolmetscher/in
Fernseh-Journalist/in
Informations- und Dokumentationsspezialist/in FH
Journalist/in
dipl. Leiter/in Marketingkommunikation HFP
Lektor/in
Projektleiter/in Messen
Public Relations-Berater/in+
Radio-Journalist/in
Schriftsteller/in
Übersetzer/in
dipl. Verlagsfachmann/-frau HFP
Werbetexter/in

Eigene Vorschläge:

____

____

Akademische Berufe

Anglist/in
Berufsschullehrer/in
Bibliothekar/in
Dolmetscher/in
Germanist/in
Journalist/in
Lektor/in
Linguist/in
Mittelschullehrer/in
Philologe/-login
Real- und Oberstufenlehrer/in
Rechtsanwalt/-anwältin
Redaktor/in
Romanist/in
Schriftsteller/in
Sekundarlehrer/in
Sprachwissenschafter/in
Verleger/in

Eigene Vorschläge:

____

____

Nachdiplomstudien
Ein Nachdiplomstudium steht Personen offen, die über ein Diplom einer Hochschule, einer Fachhochschule oder einer Höheren Fachschule verfügen. Es empfiehlt sich, mit den Anbietern von Nachdiplomstudiengängen Kontakt aufzunehmen und die genauen Zulassungsbedingungen im Einzelfall abzuklären.

14

Gesundheit, Medizin, Therapie

Pflege, medizinisch-technische und medizinisch-therapeutische Berufe, Human- und Veterinärmedizin

Tätigkeitsbereiche

Diese Berufstätigen helfen kranken, verletzten oder alten Menschen und Tieren. Sie schienen Knochenbrüche, betreuen alte Menschen, nehmen Blut ab, zeigen den Umgang mit dem Rollstuhl, verkaufen Medikamente oder massieren schmerzende Rücken. Sie pflegen die Patienten im Krankenhaus oder organisieren die Arbeitsabläufe in einer Krankenhausabteilung neu.

Arbeitsorte

Sie arbeiten in Krankenhäusern, Optikergeschäften, Therapieräumen, Operationssälen oder Psychiatriestationen. Diese Menschen sind aber auch in Apotheken, Altersheimen oder Privatpraxen zu finden.

Arbeitsinstrumente

Ihre Arbeitsinstrumente sind Pflaster, Skalpell, Spritzen, Röntgenapparate, Massageliegen, Krankenhausbetten, Verbandsmaterial, Herz-Lungen-Maschinen und Medikamente. Sie benutzen verschiedene Gegenstände wie Gymnastikball, Tamburin, Fieberthermometer, Diktiergerät oder auch Bettpfannen.

Wer eignet sich für dieses Berufsfeld?

Interesse an medizinischen Aspekten ist hier sehr wichtig. Im medizinisch-technischen Bereich ist technisches Verständnis für den Umgang mit den Apparaten und Maschinen von Vorteil. In den medizinisch-therapeutischen Berufen braucht es viel Einfühlungsvermögen, Geduld und Konsequenz. Freude und Interesse an Chemie, Physik und Biologie ist wichtig.

Markieren Sie die Berufe, die Sie spontan ansprechen und Sie neugierig machen.

Lehrberufe, anerkannte Ausbildungen

Audiometrist/in
Augenoptiker/in
Dentalassistent/in
Dentalhygieniker/in[1]
Diätkoch/-köchin (Zusatzlehre)
Diplom in Gesundheits- und Krankenpflege[1] (Diplomniveaus I + II)
Ergotherapeut/in[1]
Ernährungsberater/in[1]
Fachmann/-frau für med.-techn. Radiologie[1] MTRA
Hauspfleger/in[1]
Hebamme[1]
Med. Laborant/in
Med. Masseur/in
Med. Praxisassistent/in
Orthopädist/in
Orthoptist/in[1]
Pflegeassistent/in
Physiotherapeut/in[1]
Podologe/Podologin
Techn. Operationsassistent/in[1]
Tiermed. Praxisassistent/in
Zahntechniker/in

Eigene Vorschläge:

____

____

Vorbereitung auf Berufe im Gesundheits- und Bildungswesen
- Diplommittelschule
- Sozialjahr
- Vorschule für Pflegeberufe
- 10. Schuljahr mit Schwerpunkt Vorbereitung auf pflegerische, medizinische oder hauswirtschaftliche Berufe

Berufsmaturität
Kann während oder nach der Lehre absolviert werden. Berechtigt zum prüfungsfreien Eintritt in die Fachhochschulen.

[1] Für diese Ausbildungen ist ein Mindestalter von 18 Jahren sowie eine erweiterte Schulbildung bzw. spezifische Vorbereitung Voraussetzung. (Dentalhygieniker/in, Mindestalter 17 Jahre)

14

Gesundheit, Medizin, Therapie

Pflege, medizinisch-technische und medizinisch-therapeutische Berufe, Human- und Veterinärmedizin

Sekundärberufe, Berufsprüfungen (BP)

Markieren Sie die Berufe, die Sie spontan ansprechen und Sie neugierig machen.

Aktivierungstherapeut/in
Anästhesieschwester/-pfleger
Ärztebesucher/in SABV
Arztsekretär/in
Atempädagoge/-pädagogin
Audiometrist/in
Behindertenbetreuer/in
Behindertensportleiter/in
Betagtenbetreuer/in
Betriebssanitäter/in
Chef-Physiotherapeut/in
EEG-Assistent/in
Fachschwester/-pfleger in Spitalhygiene
Gesundheits- und Lebensberater/in
Gesundheitsschwester/-pfleger
- *spitalexterne Pflege*

Höheres Pflegefachdiplom SRK I+II
Hörgeräte-Akustiker/in BP
Intensivpflegeschwester/Pfleger in Intensivpflege
Masseur/in BP
Med. Masseur/in
Med. Sekretär/in H+
Mütter- und Väterberater/in
Oberschwester/-pfleger
Operationsschwester/-pfleger
Pharma-Betriebsassistent/in BP
Rettungssanitäter/in
Saunaleiter/in
Still- und Laktationsberater/in
Therapieberater/in

Eigene Vorschläge:

____

____

Berufsmaturität
Kann während oder nach der Lehre absolviert werden. Berechtigt zum prüfungsfreien Eintritt in die Fachhochschulen.

Höhere Fachausbildung, Höhere Fachprüfungen (HFP)/Meisterprüfungen

Audiopädagoge/-pädagogin
dipl. Augenoptiker/in HFP
Ausbildner/in für Behindertenhunde
Ballet-Pädagoge/-Pädagogin
Blindenschrift-Lehrer/in
Drogist/in HF
Eurythmielehrer/in
Gebärdensprachdolmetscher/in
Gerontologe/-login
Heilpädagoge/-pädagogin
Heilpädagogisches Reiten

Heilpraktiker/in, Naturarzt/-ärztin
Höheres Pflegefachdiplom SRK I+ II
Kinesiologe/-login
Logopäde/Logopädin
Low Vision-Trainer/in
Maltherapeut/in
Master in Nursing Science
Musiktherapeut/in
Orientierungs- und Mobilitätslehrer/in

Osteopath/in
dipl. Pharmaberater/in HFP
Psychomotoriktherapeut/in
Rehabilitationslehrer/in für lebenspraktische Fähigkeiten
Schwerhörigenlehrer/in für Erwachsene
Tanztherapeut/in
Theaterpädagoge/-pädagogin

Eigene Vorschläge:

____

____

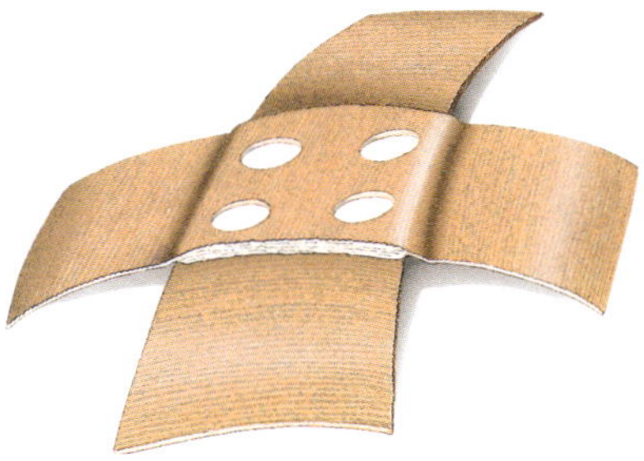

Akademische Berufe

Apotheker/in
Arzt/Ärztin
Chiropraktor/-praktikerin
Psychiater/in
Tierarzt/-ärztin
Zahnarzt/-ärztin

Eigene Vorschläge:

____

____

Nachdiplomstudien
Ein Nachdiplomstudium steht Personen offen, die über ein Diplom einer Hochschule, einer Fachhochschule oder einer Höheren Fachschule verfügen. Es empfiehlt sich, mit den Anbietern von Nachdiplomstudiengängen Kontakt aufzunehmen und die genauen Zulassungsbedingungen im Einzelfall abzuklären.

15

Pädagogik, Psychologie, Gesellschaft

Unterricht, Erziehung, Beratung, Betreuung, Sozialarbeit, Seelsorge

Tätigkeitsbereiche

Diese Berufstätigen arbeiten in der Erziehung, der Sozialarbeit oder in verschiedensten Bereichen, die die Gesellschaft betreffen. Sie bringen anderen Menschen Yoga oder Autofahren bei, unterrichten Erwachsene in Informatik, Kinder in der Primarschule oder stellen Personal ein. Sie untersuchen Zusammenhänge zwischen Gesellschaftsphänomenen und politischen Veränderungen oder arbeiten als Tagesmutter.

Arbeitsorte

Die meisten Menschen in diesem Berufsfeld arbeiten drinnen. Vielfach im Büro, z.B. in Personalabteilungen von Grossunternehmen, in Kirchgemeinden, in Berufsberatungen, aber auch in Klassenzimmern oder Kinderheimen. Einige sind auch oft unterwegs, z.B. in Seminarzentren. Ein wichtiges Arbeitsinstrument stellt die eigene Person dar, die in vielen dieser Berufe in den Vordergrund rückt. Andere Arbeitsinstrumente dienen dann nur als Hilfsmittel.

Arbeitsinstrumente

Ihre Arbeitsmittel sind neben Schulungsunterlagen, Hellraumprojektoren und Wandtafeln auch Fragebogen und Interessenstests. Sie benutzen Musikinstrumente, Sportgeräte, Bücher oder Statistiken. Im Personalbereich arbeiten sie viel mit dem Telefon, Akten und natürlich auch mit dem Computer.

Wer eignet sich für dieses Berufsfeld?

Wer Interesse hat, Wissen zu vermitteln, anderen zu helfen oder gesellschaftliche Aspekte zu beobachten und zu interpretieren. Einfühlungsvermögen ist sehr wichtig, aber auch Durchsetzungsvermögen und Interesse an Lernabläufen sowie die Fähigkeit zu motivieren und Menschen einzuschätzen. Sie sind interessiert an pädagogischen, erzieherischen Fragestellungen oder gesellschaftlichen Problemen. Neben fachlichen Aspekten bringen sie sich selbst ein. Sie sind oft wichtige Bezugspersonen, die mit ihrer eigenen Persönlichkeit massgeblich am Erfolg ihrer Arbeit beteiligt sind.

Markieren Sie die Berufe, die Sie spontan ansprechen und Sie neugierig machen.

Lehrberufe, anerkannte Ausbildungen

Kindergärtner/in
Kleinkindererzieher/in
Primarlehrer/in

Schulen
- Literargymnasium
- Realgymnasium
- Neusprachliches Gymnasium
- Diplommittelschule

Eigene Vorschläge:

____

____

Berufsmaturität
Kann während oder nach der Lehre absolviert werden. Berechtigt zum prüfungsfreien Eintritt an die Fachhochschulen.

15

Pädagogik, Psychologie, Gesellschaft

Unterricht, Erziehung, Beratung, Betreuung, Sozialarbeit, Seelsorge

Markieren Sie die Berufe, die Sie spontan ansprechen und Sie neugierig machen.

Sekundärberufe, Berufsprüfungen (BP)

Astrologe/Astrologin
Ausbildner/in BP
Ballett-Lehrer/in
Berufsunteroffizier/in
Diakon/in
Eiskunstlauflehrer/in
Fachlehrer/in
Fahrlehrer/in
Fallschirmsprunglehrer/in
Fitness-Instruktor/in BP
Gymnastiklehrer/in
Heilsarmeeoffizier/in
Informatik-Trainer/in
Judolehrer/in
Kampfkunst-, Kampfsportlehrer/in
Katechet/in
Krippenleiter/in
Leiter/in Human Ressources
Ludothekar/in
Personalassistent/in
Personalberater/in BP
Personalfachmann/-frau BP
Religionslehrer/in
Rhythmiklehrer/in
Sakristan/in
Schwimm-Instruktor/in
Seniorensportleiter/in
Sigrist/in
Skilehrer/in
Sozialbegleiter/in
Spielgruppenleiter/in
Tagesmutter/-vater
Tauchlehrer/in
Tennislehrer/in
Tanzlehrer/in
Yogalehrer/in
Zivilschutzinstruktor/in

Eigene Vorschläge:

____

____

Berufsmaturität
Kann während oder nach der Lehre absolviert werden. Berechtigt zum prüfungsfreien Eintritt an die Fachhochschulen.

Höhere Fachausbildung, Höhere Fachprüfungen (HFP)/Meisterprüfungen

Amtsvormund/-vormündin
Berufsoffizier/in
Berufsschullehrer/in allgemein bildende Richtung
Berufsschullehrer/in fachkundl. Richtung
Berufs- und Studienberater/in
Berufswahllehrer/in
dipl. Betriebsausbilder/in HFP
Betriebs- und Organisationspsychologe/-login HAP
Elternbildner/in
Erwachsenenbildner/in
Eurythmielehrer/in
Fachlehrer/in
Fachlehrer/in für Bürokommunikation
Fremdsprachenlehrer/in
Graphologe/-login
Hauswirtschaftslehrer/in
dipl. Heimleiter/in HFP
Hortner/in
Kindergärtner/in
Kinderpsychologe/-login
Kunstpädagoge/-pädagogin
Lehrer/in für Berufe im Gesundheitswesen
Lehrer/in für bildnerische Gestaltung
Lehrer/in für Menschen mit geistiger Behinderung
Lehrer/in für musikalische Früherziehung
Lehrer/in Textilarbeit/Werken
Lernbegleiter/in
Lerntherapeut/in
Maltherapeut/in
Mediator/in
Mitarbeiter/in in der Entwicklungszusammenarbeit
Museumspädagoge/-pädagogin
Musiklehrer/in (Gesang)
Musiklehrer/in (Instrumente)
Musiktherapeut/in
Paar- und Familientherapeut/in
Pastoralassistent/in
Primarlehrer/in
Psychologe/-login HFH
Psychomotoriktherapeut/in
Psychotherapeut/in
Schulmusiker/in
Sozialarbeiter/in HFS
Sozio-kulturelle/r Animator/in HFS
Sozialpädagoge/pädagogin HFS
Sportlehrer/in FH
Sportmanager/in HFH
Supervisor/in, Organisationsentwickler/in
Theaterpädagoge/-pädagogin
Wirtschaftsfachlehrer/in

Eigene Vorschläge:

____

____

Akademische Berufe

Amtsvormund/-mündin
Arbeits- und Betriebspsychologe/-psychologin
Berufsschullehrer/in
Erziehungswissenschafter/in
Ethnologe/Ethnologin
Fremdsprachenlehrer/in
Heilpädagoge/-pädagogin
Historiker/in
Mitarbeiter/in in der Entwicklungszusammenarbeit
Mitarbeiter/in in der humanitären Hilfe
Mittelschullehrer/in
Paar- und Familientherapeut/in
Pädagoge/Pädagogin
Philosoph/in
Politologe/Politologin
Priester
Psychologe/-login
Psychotherapeut/in
Real- und Oberstufenlehrer/in
Schulpsychologe/-login
Sekundarlehrer/in
Sonderpädagoge/-pädagogin
Soziologe/Soziologin
Studien- und Berufsberater/in
Theaterpädagoge/-pädagogin
Theologe/Theologin
Turn- und Sportlehrer/in

Eigene Vorschläge:

____

____

Nachdiplomstudien
Ein Nachdiplomstudium steht Personen offen, die über ein Diplom einer Hochschule, einer Fachhochschule oder einer Höheren Fachschule verfügen. Es empfiehlt sich, mit den Anbietern von Nachdiplomstudiengängen Kontakt aufzunehmen und die genauen Zulassungsbedingungen im Einzelfall abzuklären.

Die Hitparade Ihrer beruflichen Ideen und Visionen nach dem S&B Concept®

1. Nachdem Sie die Berufsfelder bearbeitet haben, tragen Sie jetzt 14 bevorzugte Berufe in die untenstehende Tabelle ein und zwar als Rangfolge.

2. Wenn es Ihnen schwerfällt, aus den angestrichenen Berufen Ihre Favoriten auszuwählen, so entscheiden Sie nach dem «Cupsystem»:

Berufsbezeichnung:	Natur, Umwelt, Ökologie	Gastgewerbe, Hauswirtschaft, Lebensmitteltechnologie	Mode, Körperpflege, Wellness	Gestaltung, Visuelle Kommunikation	Bauwesen, Haustechnik, Innenausbau	
1.						
2.						
3.						
4.						
5.						
6.						
7.						
8.						
9.						
10.						
11.						
12.						
13.						
14.						
Anzahl Kreuze pro Berufsfeld						

Das heisst, wie beim Fussballspiel lassen Sie gedanklich Ihren Beruf aufgrund der Faszination, die er bei Ihnen auslöst, gegen die andern Berufe antreten. Spielen Sie diese Ausscheidung, bis Sie Ihre Favoriten zusammen haben.

3. Tragen Sie diese schliesslich in die Hitparade ein. Kreuzen Sie das Berufsfeld, zu dem Ihr gewählter Beruf gehört, an. Zählen Sie am Schluss die Anzahl Kreuze pro Berufsfeld und tragen Sie die Resultate auf der letzten Zeile ein.

	Metallbearbeitung, Fahrzeugtechnik	Handel, Wirtschaft, Verwaltung	Tourismus, Verkehr, Sicherheit	Planung, Projektierung, Ingenieurwesen	Informatik, Elektronik, Telekommunikation	Naturwissenschaft	Kunst, Musik, Theater, Film	Sprache, Publizistik, Medien	Gesundheit, Medizin, Therapie	Pädagogik, Psychologie, Gesellschaft

Sie verfügen nun über eine Wunschliste, und Sie sehen auf einen Blick, welche Berufsfelder Sie stark, mittelmässig oder ganz und gar nicht ansprechen. Jetzt kommt aber das Wichtigste...

Auswertung der Hitparade

Von der Hitparade ausgehend können Sie erste Hinweise auf Ihren «roten Faden» erhalten. Ihre ausgewählten Berufe haben nämlich einen tieferen Bezug zu Ihnen. Nur so zufällig sind diese Berufe nicht in Ihrer Hitparade. Oder? Gehen Sie Punkt um Punkt wie folgt vor:

Entdecken Sie Ihren «roten Faden»

1. Betrachten Sie Ihre Hitparade und halten Sie in der untenstehenden Übersicht fest, was Ihnen bei der Auswahl Ihrer Berufe auffällt. Was springt spontan ins Auge, was sind die Besonderheiten, die Gemeinsamkeiten oder Gegensätze? Was finden Sie sonst noch bemerkenswert? Warum, meinen Sie, haben Sie gerade diese Berufe ausgewählt?

«Übersicht»

Faszination

2. Wählen Sie nun aus der Hitparade sechs Berufe aus, die Sie besonders interessieren. Beschreiben Sie nun in den sechs folgenden Farbfeldern, was Sie an den einzelnen Berufen aus Ihrer Hitparade fasziniert (z.B. Tätigkeiten, Umfeld, Verdienst, Eigenschaften, Image usw.). **Gehen Sie nur von dem aus, was Sie von diesen Berufen zur Zeit wissen.**

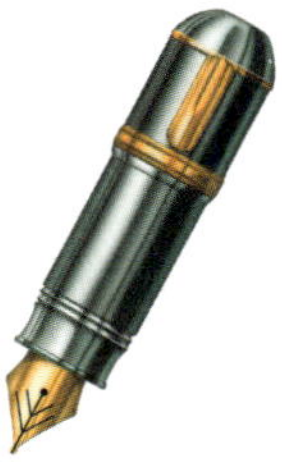

Beruf: ....

Besonders faszinierend daran finde ich:

....

....

....

....

....

Beruf: ....

Besonders faszinierend daran finde ich:

....

....

....

....

....

Beruf: ....

Besonders faszinierend daran finde ich:

....

....

....

....

....

Beruf: ....

Besonders faszinierend daran finde ich:

....

....

....

....

....

Beruf: ....

Besonders faszinierend daran finde ich:

....

....

....

....

....

Beruf: ....

Besonders faszinierend daran finde ich:

....

....

....

....

....

3. Markieren Sie anschliessend mit einem Leuchtstift jene Merkmale, die Ihre sechs ausgewählten Berufe gemäss Ihrer Beschreibung gemein haben. Vergleichen Sie die markierten Gemeinsamkeiten mit den Bemerkungen der zweiten Bedenkpause (S. 38).

Vierte Bedenkpause

Spätestens jetzt haben Sie es gemerkt: Laufbahnplanung nach dem S&B Concept® ist nicht immer einfach, bringt viel Arbeit und braucht Zeit. Aber sie macht auch Spass. Das finden wir auch!

Sie haben die Hitparade (Seite 86-87) Ihrer beruflichen Ideen und Visionen geschafft?! Bravo – eine Superleistung! In der Übersicht (Seite 88) und in den Faszinationen (Seite 89) kommt durch die markierten Gemeinsamkeiten zum Ausdruck, was Sie daran so fasziniert. Notieren Sie hier die fünf wichtigsten Berufe Ihrer Hitparade. Ebenso schreiben Sie die wichtigsten Stichworte aus der Übersicht und aus den Faszinationen auf. Beschreiben und begründen Sie in möglichst detaillierter Form, in ganzen Sätzen, wieso gerade diese Merkmale eine so grosse Faszination auf Sie ausüben!

Meine Erkenntnisse

Zwei Möglichkeiten bringen Sie nun weiter.

Sie fühlen sich motiviert und wollen weiterarbeiten. Setzen Sie Ihre Entdeckungsreise auf den nächsten Seiten fort.

Sie nutzen diese Bedenkpause und wollen das Bisherige mit einer Vertrauensperson besprechen.

Mögliche Gesprächspartner/innen:
- Vorgesetzte/r
- Personalchef/in
- Lebenspartner/in
- Berufs- und Laufbahnberater/in
- Personalberater/in
- Kollegen, Freundinnen
- Weitere: ....

Meine Gesprächspartner/innen für diese Bedenkpause sind:

Name	**Funktion**	**Tel. Nr.**

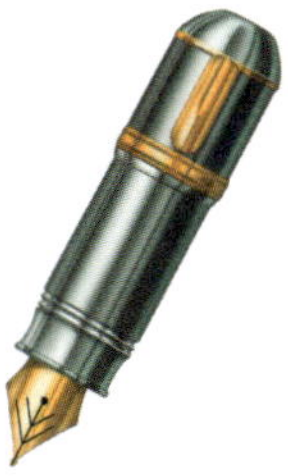

Das Fähigkeitsprofil nach dem S&B Concept®

Nachdem Sie sich mit Ihren Wünschen auseinander gesetzt haben, geht es in einem weiteren Schritt darum fest zu halten, welche Fähigkeiten Sie zur Umsetzung mitbringen, oder welche Sie noch erweitern bzw. ergänzen wollen oder müssen.

Im Laufe Ihres Lebens haben Sie eine Vielzahl an Aktivitäten entwickelt. Dabei haben Sie sich verschiedene Fähigkeiten angeeignet.

Ob beruflich, privat oder in der Freizeit, Ihre erworbenen Kenntnisse sind massgebend für berufliches Weiterkommen. Fachübergreifende und personenbezogene Fähigkeiten sind der Schlüssel für Ihre Zukunft.

Mit dem Fähigkeitsprofil nach dem S&B Concept® geben wir Ihnen ein Instrument in die Hand, das Ihnen erlaubt, einmal erworbene Fähigkeiten sowie umgesetzte Kompetenzen und anerkannte Qualifikationen aufzuschreiben. Dabei geht es auch um Ihre persönlichen Fähigkeiten, die über erworbene Titel oder Diplome hinaus gehen, und so zu Ihren ganz entscheidenden persönlichen Erfolgsfaktoren gehören. Zudem geht es darum, dass Sie sich Ihrer Stärken und Schwächen bewusst sind.

Ihr Fähigkeitsprofil zeigt auf einen Blick, was Sie im Berufs- und Arbeitsleben unverwechselbar macht. Sie können dieses Profil für Vorgesetzten-, Bewerbungs- und Beurteilungsgespräche verwenden. Sporadisch aktualisiert bildet es eine wichtige Grundlage für neue Herausforderungen auf dem Arbeitsmarkt.

Hinweis

Erstellen Sie Ihr Fähigkeitsprofil wenn Ihre Tagesform gut ist und Sie selbstbewusst Ihre umfangreichen Fähigkeiten erfassen können. Bevor Sie aber loslegen, zuerst eine kleine Einführung in das Thema Fähigkeiten.

Das Fähigkeitsprofil nach dem S&B Concept®

Heute ist es selbstverständlich, dass wir uns auf der fachlichen Ebene laufend weiterbilden, damit wir den beruflichen Herausforderungen gewachsen bleiben.

In der sich schnell wandelnden Arbeits- und Berufswelt werden vom modernen Menschen immer mehr auch ausserberufliche Fähigkeiten gefordert. Fachliche Fähigkeiten alleine reichen nicht mehr aus, um beruflich erfolgreich zu sein und dies auch zu bleiben.

Laufend werden neue Fähigkeiten und Kompetenzen benannt und in der Literatur beschrieben. Wir unterscheiden drei Arten von Fähigkeiten, welche sich in den letzten Jahren als wichtige Richtungen herausgebildet haben und in der Praxis als relevant angesehen werden. Demnach wird der Begriff Fähigkeit unter Fachleuten wie Personalberatern, Arbeitspsychologinnen und Berufberatern wie folgt unterteilt:

- **Fähigkeiten** sind alle Kenntnisse und alle Wissensbereiche sowie Erfahrungen, die Sie sich im Laufe des Lebens angeeignet haben. Dabei ist es möglich, dass Sie nicht mehr alle Fähigkeiten aktiv zur Verfügung, sondern sie nur teilweise aktiviert haben. Wenn Sie z.B. in der Schule einmal Französisch gelernt haben, die Sprache in letzter Zeit jedoch nicht aktiv anwenden. Sie bildet dann sozusagen Ihr Fähigkeitspotenzial.

- **Kompetenzen** nennt man Fähigkeiten, die Sie umgesetzt haben und auch anwenden können. Es ist also Ihr Wissen und Ihre Erfahrung, die sie auch laufend nutzen und erweitern. Kompetenzen haben Sie sich in Aus- und Weiterbildung, in der beruflichen Tätigkeit sowie im Privatleben und in der Freizeit erworben.

- **Qualifikationen** sind Fähigkeiten, die Sie mit einem Diplom, Zertifikat oder Zeugnis belegen können.

Und jetzt wünschen wir Ihnen viele Einfälle beim Ausfüllen Ihres Fähigkeitsprofils!

Mein Fähigkeitsprofil

Halten Sie hier Ihre wichtigsten Fähigkeiten, Kompetenzen und Qualifikationen fest.

Persönliche und soziale Fähigkeiten: Sich auf neue Situationen einstellen können, offen sein für neue Ideen, Lösungen für Probleme finden, eigene Entscheide treffen, sich durchsetzen können, Verantwortung übernehmen, einen toleranten Umgang pflegen, Entscheide akzeptieren, Schwächen und Fehler eingestehen können, seine eigene Meinung vertreten, sich verständlich ausdrücken können, zuhören können. D.h. Flexibilität, Kreativität, Selbständigkeit, Teamfähigkeit, Kommunikations- und Konfliktfähigkeit gehören zu den persönlichen und sozialen Fähigkeiten.

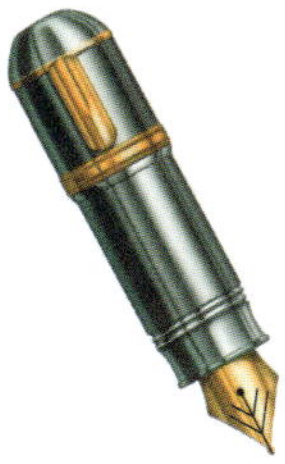

Methodische Fähigkeiten: Speditiv arbeiten, konzentriert vorgehen, selbständig arbeiten, Wesentliches erkennen, die Arbeit sinnvoll einteilen und delegieren, Inhalte anschaulich darstellen. D.h. Lern- und Arbeitstechnik, Arbeitsorganisation und Präsentationstechnik sowie Entspannungstechnik gehören zu den methodischen Fähigkeiten.

Fachliche Fähigkeiten: Fachbegriffe kennen, technische oder sprachliche Kenntnisse, Maschinen und Geräte bedienen, Computer bedienen, Mathematisches verstehen, Arbeiten fachgerecht ausführen, gutes Handgeschick. D.h. Fach- und Faktenwissen sowie Anwendungswissen aus Ihrem Fachbereich gehören zu den fachlichen Fähigkeiten.

Stärken und Schwächen: Zu Ihrem Fähigkeitsprofil gehören auch Ihre Schwächen. Jeder Mensch hat Bereiche, in denen er sich unsicher fühlt und Wissenslücken hat. Es ist wichtig, dass Sie diese ebenfalls notieren. Vermerken Sie diese unterhalb Ihrer Fähigkeiten im entsprechenden Bereich mit einer anderen Farbe.

Andererseits haben Sie herausragende Fähigkeiten, die Sie auszeichnen. Das sind Arbeiten, Aufgaben und Situationen, in denen Sie sich souverän und sicher bewegen können. Diese gehören zu Ihren Stärken und bilden ein enormes Potenzial für Sie.

Gehen Sie nun noch einmal zurück zu Ihren Fähigkeiten und überlegen Sie, welche der notierten Fähigkeiten aus Ihrer Sicht zu Ihren grossen Stärken gehören. Schreiben Sie dazu eine konkrete Situation, ein erlebtes Beispiel auf!

Meine grösste Stärke ist

«Der rote Faden» nach dem S&B Concept®

Der «rote Faden» nach dem S&B Concept® ist die Zusammenfassung aller positiven Aspekte Ihrer bisher erarbeiteten Resultate. Bei allen Aufgaben finden Sie Energieträger und Motivatoren, die für Ihre persönliche und berufliche Zukunft wegweisend sind.

Werfen Sie einen Blick zurück auf die einzelnen Bedenkpausen. Das genügt, um hier festzuhalten, worauf Sie ab sofort bei Ihrer persönlichen und beruflichen Neuorientierung Wert legen wollen.

- Aus dem Situationsdiagramm erkenne ich ______

- Arbeit und Beruf bedeuten mir ______

- Der Persönlichkeits-Pass und Berufs-Pass zeigen mir ______

- Meine wichtigsten Interessen in Beruf und Freizeit sind ______

«Der rote Faden» nach dem S&B Concept®

- Aus Träumen, Visionen und Lebensphilosophie halte ich Folgendes fest:

- Aus meiner Hitparade lassen sich diese Faszinationen ableiten:

- Im Fähigkeitsprofil fallen mir diese Fähigkeiten, Kompetenzen und Qualifikationen auf:

- Für meine persönliche und berufliche Neuorientierung brauche ich noch

Vom «roten Faden» zum «tragfähigen Seil» Ihrer Neuorientierung

Sie haben bereits eine Menge Arbeit geleistet. Jede Bedenkpause entsprach auch einer Zwischenetappe im S&B Concept® und zeigte Ihnen, wo Ihre Energien fliessen, welche Träume und Visionen Sie begleiten sowie welche Neigungen, Interessen, Fähigkeiten und Stärken Sie haben. Ihre Qualifikationen haben Sie ebenfalls aufgelistet und Sie wissen, was Sie im Leben motiviert. Alle diese erarbeiteten Erkenntnisse weisen Ihnen den Weg für mögliche

Persönliche und berufliche Veränderungen

Aus- und Weiterbildungen

Arbeits- und Tätigkeitsgebiete

Freizeitbeschäftigungen

Persönliche und berufliche Veränderungen

Je nach Lebenssituation können solche Veränderungen kleine, gegen aussen unsichtbare oder grosse, wahrnehmbare Schritte auslösen.

Nicht immer braucht es einen neuen Beruf oder eine weitere Ausbildung. Manchmal sind es die kleinen Dinge, mit denen Sie ihr Leben wertvoller gestalten können. Gerade diese Schritte sind für die einzelnen Menschen selbst nicht immer so leicht zu finden – und doch sind es oftmals die ersten Gehversuche einer spannenden Reise zur eigenen Lebensgeschichte.

Je nach Situation, in der Sie sich nach Ihrer persönlichen und beruflichen Standortbestimmung befinden, empfiehlt das S&B Concept®, professionelle Hilfe auf Zeit in Anspruch zu nehmen. Klar gibt es viele gute Bücher zu allen möglichen Themen im Bereich der Lebensgestaltung. Wir finden aber, dass es heute durchaus normal ist, von Zeit zu Zeit die Angebote von Fachleuten in guten öffentlichen und privaten Beratungsstellen zu nutzen, um aus einer komplexen Lebenssituation heraus zu finden oder einfach um sich ein wenig unterstützen zu lassen.

Bei der Wahl Ihres Gesprächspartners oder Ihrer Gesprächspartnerin achten Sie auf folgende Punkte:

- **Ist diese Person für Ihre Fragestellung kompetent?** Das heisst: Verfügt sie über eine anerkannte Ausbildung sowie die entsprechende Erfahrung?
- **Welche Werthaltung, welche Vorstellung begleitet das Schaffen dieser Person?**
- **Wie lange dauert die Hilfestellung, welcher Art ist sie und was kostet die Dienstleistung?**

Aus- und Weiterbildungen

Auf Grund Ihrer Hitparade können Sie die einzelnen Berufe kennenlernen. Gehen Sie dabei wie folgt vor:

- Beschaffen Sie sich im Berufsinformationszentrum (BIZ) Ihrer Region Informationen über die Berufe auf Ihrer Hitparade.
- Lesen Sie diese aktiv durch und markieren Sie alle Aussagen, die Sie faszinieren, mit einem Leuchtstift.
- Kontaktieren Sie die entsprechenden Aus- und Weiterbildungsinstitutionen.
- Informieren Sie sich über Aufnahmebedingungen, Kosten und Dauer der Ausbildung.
- Besuchen Sie Informationsveranstaltungen, Vorträge von Schulen und Institutionen.
- Lesen, hören, sehen Sie Berichte der Aus- und Weiterbildungsbereiche Ihrer Wahl in Zeitungen, Fachzeitschriften, Radio und Fernsehen.
- Lernen Sie in gleicher Weise auch die für Sie wichtigen verwandten Berufe Ihrer Hitparade kennen.
- Fassen Sie die gewonnenen Informationen schriftlich zusammen:

Arbeits- und Tätigkeitsgebiete

Inseratenparade
Eine bewährte Methode für die persönliche Arbeits- und Stellensuche ist die «Inseratenparade». Dabei nehmen Sie einen Stellenanzeiger und sammeln Inserate. So können Sie vorgehen:

- Inserate nur kurz auf sich wirken lassen.
- Inserate, die Sie ansprechen spontan markieren.
- Inserate ausschneiden und ablegen.
- Inserate vier Wochen lang zusammentragen.
- Inserate nach Gruppen (Themen) einteilen.
- Inserate nach Ihrem «roten Faden» bewerten.

Ihr persönliches Inserat
Sie können mehr tun, als nur Stelleninserate aus der Presse sammeln. Sie haben auch die Möglichkeit, Ihr eigenes persönliches Inserat zu entwerfen.

Fassen Sie die wichtigsten Stichworte schriftlich zusammen und gestalten Sie «Ihre zukünftige Stelle» in der Form eines Stelleninserates.

- Erwartungen an die neue Stelle: Welche Art der Tätigkeit suchen Sie? Welche Branchen kommen in Frage? Welche Aufgaben möchten Sie übernehmen?
- Was können Sie bieten? Welche Fähigkeiten, besonderen Erfahrungen und Ausbildungen bringen Sie mit? Welche persönlichen Stärken haben Sie? Was unterscheidet Sie von anderen Berufstätigen? Wo können Sie sich als Problemlöser/in anbieten?

Je klarer und präziser Sie diesen Text formulieren, desto überzeugender können Sie damit auftreten. Dies ist nicht so einfach, wie es auf den ersten Blick erscheinen mag. Bei dieser Arbeit liegt die Kunst darin, das Wichtigste kurz zu erfassen.

Ihr persönliches Inserat können Sie verwenden, indem Sie es:
- bei der Durchsicht von Stelleninseraten als Vergleich hinzuziehen
- in Fachzeitschriften und im Stellenanzeiger von Zeitungen inserieren
- bei der Stellensuche im Internet verwenden. In verschiedenen Job-Datenbanken können Sie sich meist kostenlos eintragen. In die vorgegebenen Felder füllen Sie die Inhalte aus Ihrem persönlichen Inserat ein.
- als «Spickzettel» für ein Bewerbungsgespräch verwenden

Mit fünf Fragen zum Ziel

Ausgehend von Ihrer Hitparade oder Ihrem persönlichen Inserat machen Sie sich auf den Weg zur Traumstelle.

Entscheiden Sie sich für drei Berufe aus der Hitparade sowie für drei Inserate Ihrer Sammlung. Überlegen Sie sich, ob Sie Personen kennen, die bereits in diesem Beruf oder Arbeitsgebiet tätig sind. Kontaktieren Sie jene Person und vereinbaren Sie mit ihr einen Gesprächstermin, indem Sie ihr sagen, dass Sie sich gerne einmal über das betreffende Berufsfeld/Tätigkeit unterhalten würden. Wenn Sie niemanden kennen, wissen vielleicht Bekannte oder die Berufsverbände Bescheid. Stellen Sie folgende Fragen:

1. **Wie verlief Ihre bisherige berufliche Laufbahn?**
2. **Wie sind sie zum momentanen Beruf/zur momentanen Arbeit gekommen?**
3. **Was sind die Sonnenseiten, was die Schattenseiten dieser Tätigkeit?**
4. **Welche Perspektiven sehen Sie für sich selbst und für diesen Beruf bzw. diese Arbeit?**
5. **Welche Personen könnten mir noch mehr über ähnliche Aufgabengebiete erzählen?**

- Führen Sie fünf bis sieben Gespräche mit Personen, die im gleichen Beruf oder Tätigkeitsbereich tätig sind. Verwenden Sie in Ihren Gesprächen die fünf vorausgegangenen Fragen.
- Die Anzahl Gespräche ist wichtig, weil Sie einerseits dadurch wichtige Fachkompetenzen erfahren, anderseits aber auch Ihre Sozial- und Methodenkompetenz schulen können.
- Führen Sie über Ihre Gespräche möglichst detailliert Protokoll, damit Ihnen keine wichtigen Angaben verloren gehen. Beachten Sie bei diesen Gesprächen, dass Sie nicht auf Stellensuche sind. Sie wollen sich in einem Beruf, einer Tätigkeit kundig machen und den Berufsweg der interviewten Person erfahren.
- Verarbeiten Sie danach die Gesprächsinhalte und entscheiden Sie, ob Ihnen die Angaben genügen, um sich mit Motivation und Sicherheit für eine Ausbildung oder einen entsprechenden Arbeitsplatz zu bewerben.
- Vielleicht ist aber für Sie eine Entscheidung noch nicht möglich, weil Sie sich zuerst privat oder am Arbeitsplatz neu organisieren müssen, indem Sie z.B. eine Teilzeitstelle und parallel dazu ein Praktikum ins Auge fassen, um über Ihr favorisiertes Berufs- und Arbeitsfeld mehr zu erfahren. Ihre Arbeitsmarktfähigkeit wird mit den Gesprächen entscheidend gesteigert und die Chancen, im Wunschberuf oder in der Wunschtätigkeit eine zufriedene Beschäftigung zu finden, erheblich erhöht.

Freizeitbeschäftigungen

Vielfach zeigt der «rote Faden» auf, dass man zwar im richtigen Berufsfeld tätig ist, dass aber einige Bedürfnisse nicht abgedeckt werden, sodass diese auf die Freizeit verlegt werden müssen. Bei der Wahl Ihrer Freizeitbeschäftigung können Sie in gleicher Weise wie vorher beschrieben vorgehen.

Machen Sie sich über die Freizeitangebote, die Sie interessieren, kundig: Besuchen Sie Probelektionen, interviewen Sie Leute, die in diesem Bereich bereits aktiv sind oder lesen Sie sich in das Thema ein.

Fünfte Bedenkpause

Mit dem «roten Faden» nach dem S&B Concept® (Seiten 96-97) sowie dem anschliessenden Umsetzen der erarbeiteten Resultate in den Bereichen der persönlichen und beruflichen Veränderung, der Aus- und Weiterbildung, der Arbeits- und Tätigkeitsgebiete sowie der Freizeitbeschäftigungen sind Sie dem Abschluss Ihrer persönlichen und beruflichen Standortbestimmung entscheidend näher gekommen.

Mit allen Ihren Notizen, gesammelten Dokumenten und erarbeiteten Erkenntnissen haben Sie alle wichtigen Angaben für eine persönliche und berufliche Neuorientierung zusammen. Vervollständigen und ergänzen Sie nun Ihr persönliches Bewerbungsdossier, Ihren Lebenslauf und ihre Zeugnisse. Achten Sie vor allem darauf, dass Sie ein Zeugnis Ihrer letzten Arbeitsstelle haben, das voll und ganz Ihrer damaligen Tätigkeit entspricht.

Notieren Sie hier, was Ihnen noch fehlt, was Sie noch brauchen oder tun müssen, um Ihre persönliche und berufliche Neuorientierung nach dem S&B Concept® umzusetzen:

Meine Erkenntnisse

Zwei Möglichkeiten bringen Sie nun weiter.

Sie fühlen sich motiviert und wollen weiterarbeiten. Setzen Sie Ihre Entdeckungsreise auf der folgenden Seite fort.

Sie nutzen diese Bedenkpause noch einmal und wollen das Bisherige mit einer Vertrauensperson besprechen.

Mögliche Gesprächspartner/innen:
- Vorgesetzte/r
- Personalchef/in
- Lebenspartner/in
- Berufs- und Laufbahnberater/in
- Personalberater/in
- Kollegen, Freundinnen
- Weitere: ....

Meine Gesprächspartner/innen in dieser Bedenkpause sind:

Name	Funktion	Tel. Nr.

Ohne Information kein seriöses Weiterkommen

Für die weiteren Schritte ist eine ernsthafte Informationsarbeit notwendig. Schliesslich wollen Sie es ja genau wissen. Wer oder was hilft?

Berufsberatungstellen
Sie können sich auch bei Ihrer Berufsberatungsstelle nach Informationen erkundigen und gegebenenfalls für eine persönliche Beratung anmelden. Schlagen Sie im Telefonbuch die Adresse nach oder erkundigen Sie sich bei der jeweiligen Kantonalen Zentralstelle für Berufsberatung. Man wird Ihnen die nächstgelegene und zuständige Beratungstelle bezeichnen können.

Berufsinformationszentren
Die meisten Berufsberatungsstellen haben ein Berufsinformationszentrum (BIZ) eingerichtet, wo Sie die entsprechenden berufskundlichen Informationen studieren, allenfalls kaufen oder ausleihen können. An Computerarbeitsplätzen können Sie Informationen zu Ausbildungen, Kursen und Berufen abfragen (z.B. WAB, Berufswahlschau, SSI, usw.). Erkundigen Sie sich über die Öffnungszeiten.

Berufsverbände und Ausbildungsinstitutionen
Auch Berufsverbände und Ausbildungsinstitutionen stellen Ihnen gerne ausführliche Informationsunterlagen zu oder erteilen Auskünfte über berufliche Fragen. Eine Anfrage lohnt sich bestimmt.

Direkte Gespräche mit Berufstätigen
Ergiebig sind auch Gespräche mit Berufstätigen. Viele Unternehmen und Ausbildungsinstitutionen veranstalten Tage der offenen Tür, die eine Fundgrube für Interessierte sein können. Sie können aber auch selber Berufstätige kontaktieren und befragen.

Kurzdokumentationen FAB
Über 800 Blätter: Berufsbeschreibung, Anforderungen, Voraussetzungen, Ausbildung, Weiterbildung, Arbeits- und Berufsverhältnisse, verwandte Berufe und Adressen. Erhältlich beim SVB.

Berufswahlmagazine
Die Berufswahlmagazine sind Berufsbeschreibungen, die nicht nur einzelne Berufe beschreiben, sondern auch einen Zusammenhang mit verwandten Berufen herstellen und Berufe in ihrem berufskundlichen Umfeld und in ihrer gegenseitigen Verzahnung darstellen. Erhältlich beim SVB.

Chancen in Beruf und Arbeit
Die Heftreihe des Verlags SVB für aktive Berufsleute. die hefte, welche sich pro Ausgabe auf eine Branche beziehen, zeigen berufliche Entwicklungs- und Weiterbildungsmöglichkeiten sowie konkrete Laufbahnbeispiele auf und vermitteln Karrieretipps und wichtige Weiterbildungs- und Kontaktadressen im jeweiligen Berufsfeld.

Akademische Ausbildungsgänge in der Schweiz
Diese Loseblatt-Sammlung umfasst über 200 einzelne Blätter zu vier bis acht Seiten. Sie informieren über die Hauptfach-Studienrichtungen an den Schweizer Hochschulen.

Weiterbildung
Von verschiedenen Berufsfeldern und Berufssparten gibt es spezielle Zusammenstellungen, die über die Weiterbildungsmöglichkeiten orientieren. Auch diese Broschüren können beim Schweizerischen Verband für Berufsberatung (SVB) bestellt werden. Weitere Hinweise finden Sie auf der Seite gegenüber.

Berufsinformation auf dem Internet

Verzeichnis der öffentlichen Berufs- und Laufbahnberatungsstellen

- Berufsberatung: **www.berufsberatung.ch**
- Studienberatung: **www.agab.ch**

Private Angebote

- S&B Institut für Berufs- und Lebensgestaltung, Bülach: **www.s-b-institut.ch**
- Institut für Angewandte Psychologie IAP, Zürich: **www.iap.psy.ch**
- Verzeichnis freischaffender Berufsberater/innen: **www.praxis-info.ch/ffbb**

Informationen

- Linksammlung zum Thema Beruf, Weiterbildung: **www.fab-forum.ch**
- Datenbank für Weiterbildung in der Schweiz: **www.w-a-b.ch**
- Weiterbildung in Wirtschaft, Business, Management: **www.eduscout.ch**
- Berufsbildung: **www.berufsbildung.ch**
- Self-Assessment zur beruflichen Entwicklung: **www.laufbahnperspektiven.ch**
- Schweizerische Vereinigung für Erwachsenenbildung SVEB: **www.alice.ch**

Meine persönlichen Notizen

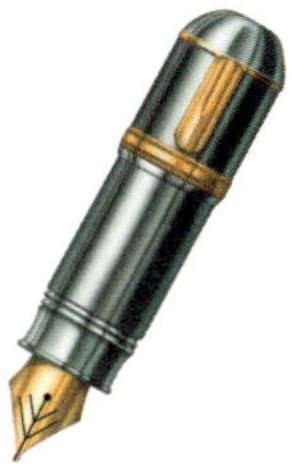

Meine persönlichen Notizen

Das S&B Institut für Berufs- und Lebensgestaltung

Die S&B Institut für Berufs- und Lebensgestaltung AG entstand aus einem organischen Entwicklungsprozess, der mit der Gründung der Einzelfirma Berufswahlpraxis von Reinhard Schmid 1987 seinen Anfang nahm. Die Basis setzte er schon 1979 mit dem Buch «Wegweiser zur Berufswahl», das sich seither als Standardwerk für Jugendliche in der ersten Berufswahl bewährt. Mit der Herausgabe von «Beruflich weiterkommen» gelang ihm und Bruno Kägi eine Pioniertat. Es war das erste Berufs- und Laufbahnbuch für Erwachsene in der Schweiz.

Zusammen mit Claire Barmettler wuchs 1993 aus der Einzelfirma die Berufswahlpraxis Schmid & Barmettler, die sich über die Jahre bis Mai 1999 zum S&B Institut für Berufs- und Lebensgestaltung entwickelte. Mit ihrem Seminar- und Beratungsangebot für Jugendliche und Erwachsene revolutionieren Reinhard Schmid und Claire Barmettler die klassische Berufs- und Laufbahnberatung. Die laufende Zunahme der Beratungsmandate ist beachtlich. Unterstützt werden sie von den beiden erfahrenen Fachleuten Rita Ammann und Christoph Dengler, sechs weiteren fest angestellten sowie von mehreren freien Mitarbeitenden. Zwei professionelle Nachwuchskräfte durchlaufen zur Zeit eine interne Fortbildung, die sie mit dem Titel S&B Berufs- und Lebensberater/in abschliessen werden. Viele öffentliche und private Bildungs- und Beratungsanbieter lassen ihre Fachleute im S&B Institut weiterbilden. Als Fachreferenten und -experten werden Claire Barmettler und Reinhard Schmid immer wieder von Unternehmen, Schulungs- und Beratungsinstitutionen, Vereinigungen und Medien beigezogen.

Das S&B Institut hat inzwischen eine international eingetragene Marke, «Das S&B Concept®». Diese besteht aus einem zertifizierten und zielgruppenorientierten Seminar- und Beratungskonzept mit eigenen Lehr- und Arbeitsmitteln. Das S&B Institut hat einen eigenen Verlag. Es pflegt eine enge Zusammenarbeit mit verschiedenen öffentlichen und privaten Institutionen und ist im In- und Ausland tätig. Seit 1999 führt Bärbel Löwe als erste freischaffende Berufs- und Laufbahnberaterin in Deutschland erfolgreich ihre Praxis für Berufs- und Lebensgestaltung in Buxtehude. Auch sie arbeitet selbstverständlich nach dem S&B Concept®.

S&B
Institut für Berufs- und Lebensgestaltung

Marktgasse 35, CH-8180 Bülach, Tel. 01 864 44 44, Fax 01 864 44 40
Internet: www.s-b-institut.ch, E-Mail: info@s-b-institut.ch

Das S&B Institut ist nicht nur Anlaufstelle für Seminare und Beratungen, sondern auch Garant für die Qualitätssicherung und Entwicklung der eigenen Arbeitsinstrumente, der Berufsethik als S&B Seminarleiter und Beraterin sowie der Aus- und Fortbildung der eigenen Mitarbeitenden und der Lizenznehmer/innen.

Besondere Kooperationen bestehen mit diesen Instutionen:

- Universität St. Gallen, Institut für Führung und Personalmanagement
- AKAD Konzern Schweiz
- Schweizerischer Verband für Berufsberatung SVB
- Schweizerische Vereinigung für Erwachsenenbildung SVEB
- Fachvereinigung für Berufsberatung FAB
- Bundesamt für Berufsbildung und Technologie BBT
- seco, Staatssekretariat für Wirtschaft

Das Institut S&B ist Mitglied von verschiedenen Berufsverbänden und Organisationen:

- Schweizerischer Verband für Berufsberatung SVB
- Schweizerische Gesellschaft für angewandte Berufsbildungsforschung SGAB
- Schweizerische Gesellschaft für Personal-Management SGP
- Internationale Vereinigung für Schul- und Berufsberatung AIOSP
- Berufsberatungsregister des Deutschen Verbandes für Berufsberatung BBR
- Schweizerische Vereinigung für Erwachsenenbildung SVEB

Die Bildungsangebote des S&B Instituts entsprechen seit 1998 den Richtlinien der Schweizerischen Modulzentrale für Weiterbildung im Baukastensystem. Sämtliche Seminare und Beratungen sowie unsere Fortbildungen wurden 1999 von der Bewertungsstelle für Weiterbildungsangebote BfW zertifiziert. Seit 2001 besitzt das S&B Institut das eduQua-Zertifikat der Schweizerischen Vereinigung für Qualitäts- und Management-Systeme SQS mit der Registrierungsnummer 16470. Im Verlauf der Jahre wurde das S&B Institut für seine bisherige Tätigkeit mit diversen nationalen und internationalen Awards ausgezeichnet.

Das S&B Concept®

Mit dem S&B Concept® verbinden wir die Annahme, dass alle Menschen persönliche und berufliche Zufriedenheit suchen. Dies wiederum setzt voraus, dass eine persönliche und berufliche Identität alle Menschen beseelt und ihre individuelle Vision belebt. Das S&B Concept® ist der konkrete Plan für das Finden von Antworten auf diese beruflichen und persönlichen Fragen. Das S&B Concept® steht allen Menschen, die sich mit sich selbst und dem Berufsleben befassen wollen, offen. Zu jeder Zeit und in jeder Lebenslage. Zum S&B Concept® gehören zielgruppenorientierte, zertifizierte Seminare und Beratungen mit eigenen Arbeitsinstrumenten und Bücher.

Die Bücher sind so konzipiert, dass sie eine autodidaktische Auseinandersetzung mit den jeweiligen Fragestellungen fördern. Sie sind nach neuesten Erkenntnissen der Motivationspsychologie entwickelt worden, basieren auf jahrzehntelanger methodischer und didaktischer Erfahrung und werden regelmässig aktualisiert und neu herausgegeben. Natürlich wird dadurch die Effizienz und Nachhaltigkeit in einer S&B Beratung oder in einem S&B Seminar beträchtlich verstärkt.

Das S&B Concept® führt zu einer Vision und daraus zu erarbeiteten Zielen und Lösungen. Mit der Methode des S&B Concept® führen wir Rat Suchende durch einen strukturierten Prozess, in den alle Lebensaspekte mit einbezogen werden. Die erfahrenen und laufend weitergebildeten Fachleute des S&B Instituts, passen das Vorgehen, das Gespräch, die Instrumente und den Zeitaufwand an die Bedürfnisse und die aktuelle Situation des einzelnen Menschen oder des Unternehmens immer wieder neu an.

Das S&B Concept® setzt eine respektvolle Haltung allen Menschen gegenüber voraus. Alle Mitarbeitenden des S&B Institut begegnen den Menschen mit Vertrauen und Wohlwollen und erarbeiten mit ihnen verbindliche und konkrete Lösungen. Diese bauen auf den Neigungen und Interessen, den Fähigkeiten sowie der Persönlichkeit und dem Bezug zu ihrem Umfeld auf. Das S&B Concept® wird von allen Mitarbeitenden selbst gelebt.

Unser Angebot

Ob Beratung, Seminar oder Buch, dank dem S&B Concept® erhalten Sie eine kompetente und fachliche Begleitung beim Finden von Antworten auf Fragen zu ihrer persönlichen Berufs- und Lebensgestaltung. Neben den Angeboten für Privatpersonen sind wir auch auf die Kooperation mit Fachleuten aus der Personalentwicklung und Beratung/Bildung spezialisiert. Unsere Angebote lassen sich beliebig zusammenstellen und ergänzen sich gegenseitig.

Das S&B Concept - Beratungen

Schwerpunkt der Beratung ist die berufliche und persönliche Situationsanalyse, die Auseinandersetzung mit den eigenen Interessen, Fähigkeiten und allfälligen Lücken sowie die Planung der nächsten Schritte hin zu einer neuen Aus- oder Weiterbildung, bzw. Arbeitsstelle.

Die Beratung ist prozessorientiert und findet über einen längeren Zeitraum statt. Zwischen den Beratungsgesprächen bleibt Zeit, um die gemeinsam erarbeiteten Etappenziele zu realisieren.

Je nach Fragestellung werden die wichtigen Aspekte in die Beratung mit einbezogen. Jede Beratung wird mit einem schriftlichen Beratungsbericht und einer persönlichen Beratungsbestätigung dokumentiert.

Diese Beratung bieten wir Jugendlichen und Erwachsenen in unterschiedlichen Lebenssituationen und mit individuellen Fragestellungen an:

- Vor der ersten Berufswahl
- Krise in Schule oder Lehre
- Lehrabschluss – wie weiter?
- Mittelschule – wie weiter?
- Krise im Studium
- Laufbahnplanung für Erwachsene
- Karriereberatung und Potenzialabklärung für Kader
- Arbeits- und Lerntechnik

Das S&B Concept - Seminare

Seminare für Einzelpersonen

Diese Seminare richten sich an Jugendliche und Erwachsene, die sich mit ihrer Ausbildungs-, Berufs- und Lebenssituation auseinandersetzen wollen.

- Studien- und Berufswahlseminar
- Beruflich am Ball bleiben – persönlich weiterkommen

Seminare im Auftrag von Unternehmen

In Zusammenarbeit mit den HR- und Personalfachleuten erarbeiten wir individuelle Seminarprogramme zu den Themen Beruf, Arbeit, Umgang mit Belastungen, Vorbereitung zur Pensionierung und Laufbahnplanung für Lehrlinge.

Ziel aller Seminare ist es, aktiv denkende und zufriedene Mitarbeitende zu fördern.

Das S&B Concept – Personalentwicklung

Beratung
Wir beraten Mitarbeitende, welche sich beruflich neu orientieren oder ihr Potenzial gezielt weiterentwickeln möchten. Dies kann im Sinne einer persönlichen Weiterbildung, als Teil einer Karriereplanung oder im Falle eines Outplacements sein. Schwerpunkt der Beratung ist die berufliche und persönliche Situationsanalyse, die Auseinandersetzung mit den eigenen Interessen, Kompetenzen und allfälligen Lücken sowie die Planung der nächsten Schritte hin zu einer neuen Aus- oder Weiterbildung, bzw. Arbeitsstelle.

Die Beratung ist prozessorientiert und beinhaltet mehrere Beratungsgespräche. Je nach Fragestellung werden die entsprechenden Aspekte in die Beratung mit einbezogen. Ein ziel- und lösungsorientiertes Vorgehen ist uns dabei sehr wichtig. Jede Beratung wird mit einem schriftlichen Beratungsbericht und einer persönlichen Beratungsbestätigung zu Handen des Kandidaten dokumentiert. Die empfohlenen Massnahmen werden ebenfalls mit dem Auftraggeber besprochen.

Diese Beratung bieten wir für Berufstätige mit unterschiedlichen Fragestellungen an.
- Laufbahnberatung für Mitarbeitende
- Potenzialabklärung für Mitarbeitende
- Outplacement
- Krise in der Lehre
- Lehrabschluss – wie weiter?
- Beratung bei Burnout und Stress
- Beratung zur Planung der Pensionierung

Seminare
Diese Seminare führen wir im Auftrag von Personalentwicklungs- und Human-Resource-Abteilungen von Unternehmen und Institutionen durch. Die Seminarziele und Inhalte werden mit den Veranstaltern der Seminare abgesprochen und angepasst.

Mit folgenden Themen haben wir Erfahrung:
- Erfolgreiche Berufs- und Lebensgestaltung
- Potenzialanalyse
- Lehrling – wie weiter?
- Arbeits- und Stellensuche heute
- Belastungsmanagement
- Sich selbst und andere führen und fördern
- Neue Horizonte (Vorbereitung zur Pensionierung)

Das S&B Concept – Fortbildung

Fortbildung zum/zur S&B Berufs- und Lebensberater/in
Für Fachleute mit einem Abschluss aus den Bereichen Beratung, Psychologie und Erwachsenenbildung haben wir eine zweijährige Fortbildung entwickelt. In kleinen Gruppen lernen sie unsere Philosophie kennen und mit unseren Instrumenten zu arbeiten. Das spezifische Beratungskonzept lernen sie konkret umzusetzen, indem Sie an Seminaren teilnehmen und bei Beratungen unterstützt und in Form von Supervision begleitet werden. Das erworbene Wissen fassen sie in einer Abschlussarbeit zusammen.

Die Fortbildung wird mit einem Zertifikat abgeschlossen und bestätigt. Das Ziel ist, sich die Grundlagen des S&B Concept® zu erarbeiten und diese in der eigenen Arbeit zu integrieren.

Weiterbildung für Personalfachleute

Für Fachleute aus den Bereichen Personal und Human Resources haben wir einen 10-tägigen Lehrgang entwickelt. In diesem lernen sie unsere Instrumente kennen und diese erfolgreich in der betrieblichen Beratung einzusetzen. Neben Schulungstagen und Workshops trainieren wir sie auch bei Fallbesprechungen und Live-Beratungen. Dabei gehen wir insbesondere auf die speziellen Themen und Fragestellungen ihres Unternehmens ein. Der Lehrgang wird mit einer Prüfung in Form von Fallpräsentationen abgeschlossen und mit einem Zertifikat bestätigt.

Workshop zum Einsatz der S&B Arbeitsinstrumente

Alle unsere Instrumente wurden in langjähriger Erfahrung und Anwendung weiter entwickelt und bauen auf den Grundlagen des S&B Concept® auf. Im Workshop lernen sie Aufbau und Hintergründe kennen und setzen sich mit den verschiedenen Anwendungsmöglichkeiten auseinander.

Das S&B Concept - Verlag

Das S&B Institut hat einen eigenen Verlag. Im S&B Verlag werden Berufs- und Laufbahnhilfen für verschiedene Zielgruppen in allen Landessprachen produziert und publiziert. Die stets aktuellen und ansprechenden Arbeits- und Lehrmittel werden von den Ratsuchenden sehr geschätzt

Die Bücher sind so konzipiert, dass sie eine autodidaktische Auseinandersetzung mit den jeweiligen Fragestellungen zulassen. Sie wurden nach neuesten Erkenntnissen der Motivationspsychologie entwickelt, basieren auf jahrzehntelanger methodischer und didaktischer Erfahrung und werden regelmässig aktualisiert und neu herausgegeben. Natürlich wird die Effizienz und Nachhaltigkeit der verschiedenen Arbeitsmittel in einer S&B Beratung oder in einem S&B Seminar beträchtlich verstärkt.

Einige Publikationen sind bereits für andere Länder adaptiert und übersetzt worden.

Themenverwandte Bücher anderer Autoren werden ebenfalls verlegt. Das S&B Institut unterhält eine Berufsinformationsdatenbank und vertreibt dazu zwei CD-ROMs für Fachleute resp. interessierte Privatpersonen in drei Landessprachen.

Möchten Sie mehr über diese Angebote erfahren? Ausführliche Informationen finden Sie im Internet auf **www.s-b-institut.ch** oder in den einzelnen Angebotsbeschreibungen, die Sie bei uns bestellen können. Rufen Sie uns einfach an: **01 864 44 44**.

Bücher aus unserem Verlag

Das S&B Concept® – Arbeitslos. Wie weiter?
(Reinhard Schmid und Claire Barmettler)
Eine persönliche und berufliche Standortbestimmung für Erwerbslose, mit Situationsdiagramm und Anregungen für neue berufliche Perspektiven.

Format A4, 118 Seiten, 1. Auflage, 2001, farbig illustriert.

Lebensunternehmer
(Peter Baumgartner)
Ein Workshop in Buchform für die berufliche Weichenstellung.

Format ca. A5, 150 Seiten, 3. Auflage, 2001, illustriert.

Neue Horizonte
(Reinhard Schmid und Claire Barmettler)
Eine persönliche Standortbestimmung für Menschen vor der Pensionierung, mit Situationsdiagramm und Anregungen für den neuen Lebensabschnitt.

Format A4, 20 Seiten, 1. Auflage, 1999, farbig illustriert.

Wegweiser zur Berufswahl
(Reinhard Schmid und Claire Barmettler)
Ein Arbeitsheft für Jugendliche, die vor der ersten Berufswahl stehen.

Format A4, 94 Seiten, 9. Auflage, 1999, farbig illustriert.

Diese und alle weiteren Bücher aus unserem Verlag finden Sie auf unserer Website **www.s-b-institut.ch** (mit Buch-Shop). Natürlich informieren wir Sie auch gern persönlich über unser Angebot: **Telefon 01 864 44 44.**

Der Schweizerische Verband für Berufsberatung SVB vertreibt unsere Bücher und Berufsinformationen: **Telefon 01 801 18 99, Fax 01 801 18 00, www.svb-asosp.ch.**

RESONANZ-FRAGEBOGEN

Sie haben das letzte Wort

Liebe Leserin, lieber Leser

«Das S&B Concept® – Erfolg im Beruf» wird laufend aktualisiert und ergänzt. Deshalb sind wir für Ihre Mitarbeit dankbar. Schreiben Sie uns, was Sie im Buch vermisst haben oder welche Angaben überprüft werden müssen. Ausserdem interessiert uns, auf welche Resonanz «Das S&B Concept® – Erfolg im Beruf» gestossen ist. Danke schön!

1. Wie hat Sie das Buch ganz allgemein angesprochen?

☐ sehr gut
☐ einigermassen
☐ schwer zu beurteilen
☐ wenig
☐ gar nicht

2. Inwieweit hat Ihnen das Buch beruflich geholfen?

☐ stark
☐ einigermassen
☐ schwer zu beurteilen
☐ wenig
☐ gar nicht

3. Inwieweit hat Ihnen das Buch persönlich geholfen?

☐ stark
☐ einigermassen
☐ schwer zu beurteilen
☐ wenig
☐ gar nicht

4. Was haben Sie in diesem Buch vermisst? Worüber hätten Sie gerne mehr erfahren?

....

....

....

....

5. Welche Angaben, welche Anregungen oder Tipps erwiesen sich als problematisch oder gar als unrichtig?

....

....

....

....

RESONANZ-FRAGEBOGEN

Sie haben das letzte Wort

6. Was ich noch sagen wollte...

....

....

....

....

7. Einige statistische Angaben zu Ihrer Person

Altersgruppe
- ☐ 20-29 Jahre
- ☐ 30-39 Jahre
- ☐ 40-49 Jahre
- ☐ 50 Jahre und mehr

Geschlecht
- ☐ weiblich
- ☐ männlich

Vorbildung
- ☐ kein beruflicher Abschluss
- ☐ Anlehre
- ☐ Lehre
- ☐ Berufsbildende Schule
- ☐ Mittelschule
- ☐ Höhere Fachschule oder Fachausbildung
- ☐ Hochschule

Senden Sie diesen Fragebogen an folgende Adresse:

Hier falzen und in ein Fenstercouvert C 6/5 stecken!

Danke, dass Sie uns Ihre Meinung mitgeteilt haben. Wir werden sie in die Überlegungen zur nächsten Auflage bestimmt mit einbeziehen.

S&B Institut für Berufs- und Lebensgestaltung AG
Marktgasse 35
CH-8180 Bülach